Uwe Lagatz

Schlösser und Burgen im Harz

RV Verlag

Titelfoto: Burg Falkenstein, Studio für Fotodesign Lutz Pape, Braunschweig
Abbildungen: Bildarchiv Foto Marburg im Kunstgeschichtlichen Institut der Philipps-Universität, Marburg, 34, 39; bpk/Walter Steinkopf/Staatliche Museen Preußischer Kulturbesitz, Kupferstichkabinett, Berlin, 63; Jutta Brüdern, Braunschweig, 51, 52/53, 66, 69, 70/71, 72, 73, 74; Greiner & Meyer/Greiner, Braunschweig, 2, 12, 27, 40/41, 54, 55, Meyer 8, 10, 19, 29, 32, 43, 46, 56/57, 64, 84, 86; Harksheider Verlagsgesellschaft/HB Archiv, Norderstedt, 18, 21, 24/25; Werner Neumeister, München, 15, 17, 85, 87; Prisma Fotoservice/Bertelsmann Lexikon Verlag, Gütersloh, 33, 62; Sammlung Rainer Schulze, Wernigerode, 16, 20, 23, 30, 45, 49, 60/61, 80, 82; Studio für Fotodesign Lutz Pape, Braunschweig 14, 35, 36, 37, 58, 65, 76, 79, 88, 90, 91, 92/93; Hans Tesenwitz, Wernigerode 11, 75, 83, 94

Idee und Reihenkonzept: Prisma Verlag GmbH, München
Autor: Uwe Lagatz
Beratung und redaktionelle Mitarbeit: Christine Trosin, Wernigerode; Rainer Schulze, Wernigerode.
Redaktion und Koordination: Rita Seuß, Prisma Verlag GmbH, München
Titelgestaltung, Herstellung: Prisma Verlag GmbH, München
Bildredaktion: Prisma Fotoservice
Kartographie: RV Reise- und Verkehrsverlag GmbH, Berlin Gütersloh • Leipzig • München • Potsdam • Stuttgart
Satz und Layoutrealisation: GAIA Text, München
Reproduktion: printex srl., S. Martino B.A.
Druck und Verarbeitung: Mohndruck Graphische Betriebe GmbH, Gütersloh

Printed in Germany
ISBN 3-575-22082

Schlösser und Burgen im Harz

Inhalt

Werlaburgdorf
Seinstedt
Groβes Bruch
Gielde
Kaiserpfalz
HORNBURG
Stadtbild
Osterode
Gr. Fallstein
Veltheim
Dedeleben
Pabstorf
Neuenkirchen
Schladen
Isingerode
Kl. Fallstein
Rhoden
Hessen
Rohrsheim
Westerburg
Vogelsdorf
Wehre
Rimbeck
Göddeckenrode
Bühne
Hoppenstedt
Deersheim
Badersleben
Beuchte
Lengde
Dreirode
Suderode
Stötterlingen
Bismarckturm
Drohnenturm
OSTERWIECK
DARDESHEIM
Anderbeck
Harliberg
Weddingen
Wiedelah
Lüttgenrode
Huy-Neinstedt
Wöltingerode
Weißes Roß
Berßel
Zilly
Wilhelm
Immenrode
VIENENBURG
Schauen
Athenstedt
Ohlhof
Lochtum
Forst Ilsenburg
Mückenbach
Vienenburg-Süd
Harlingerode
Abbenrode
Wasserleben
Langeln
Mulmke
HARLINGERODE
Bettingerode
Bad Harzburger
Westerode
Veckenstedt
Heudeber
Danstedt
OKER
SCHLEWECKE
Eckertal
Stapelburg
Gr. Teich
Schmatzfeld
Wichhäuser Mühle
GÖTTINGERODE
BÜNDHEIM
BAD HARZBURG
DERENBURG
Kästeklippe
Romkerhaller Wasserfall
Staatsforst
Eckertal
ILSENBURG
Minsleben
Reddeber
Silstedt
Holtemme
Böhnshausen
Schloßkirche
Drübeck
Klosterkirche
Altenrode
Romkerhalle
Molkenhaus
Radaufall
Ilsenburg
Harzburg
Eckerstausee
Darlingerode
WERNIGERODE
Wernigerode
Benzingerode
Heimburg
Scharfenstein
Forst
HASSERODE
NÖSCHENRODE
Kaiserturm
Michaelstein
Forst
Oesig
Baste
Siedlg.
Abbenstein
Torfhaus
Brocken
Rennecken bg.
Hohneklippen
Wernigerode
Büchenberg
Zillierstausee
Harz
Heimburg
Cattenstedt
Altenau
Bruchberg
Oderbrück
Achtermannshöhe
Wurmberg
Schierke
Brockenbahn
Bf. Drei Annen-Hohne
ELBINGERODE/
Baumannshöhle
Hüttenrode
Oderteich
Staatsforst
Königskrug
Rehberg
St. Andreasberg
Rothehütte
Rübeland
Hermannshöhle
Neuwerk
Wendefurter Becken
Elend
Königshof
Königshütte
Forst
Rübeland
Spielbach
Rauher Jakob
Harzquerbahn
Elbingerode
BRAUNLAGE
Gr. Stemmberg
ST. ANDREASBERG
Oderberg
Königsbg.
Rappbode-Stausee
Vorbecken
Blankenburg
Tanne
Harz-Heide-Straße
F. Oderhaus
Sorge
Trautenstein
HASSELFELDE
Silberhütte
Braunlage
Hohegeiß
BENNECKENSTEIN/ Harz
Forst
Hasselfelde
Bismarckturm
Stiege
Oderstausee
Staatsforst
Wieda
Albrechtshaus
Friedrichshöhe
Lauterberg
Zorge
Rothesütte
Sophienhof
Stiege
Breitenstein
BAD LAUTERBERG
i. Harz
Berghotel Ravensberg
Walkenried
Siedl. Uhdenberg
Heilstätte
Forst
Bf. Eisfelder Talmühle
Forst
Birkenmoor
Birkenkopf
Wiesenbeker Teich
Unterzorge
Sülzhayn
Netzkater
Rothesütte
Bartolfelde
Steina
Walkenried
ELLRICH
Huftal
Poppenberg
Hainfeld
KURORT STOLBERG
Osterhagen
BAD SACHSA
Kloster
Zorge
Werna
Appenrode
Ilfeld
Burg Hohnstein
Neuhof
Nüxei
Brande-rode
Wiedigshof
Obersachswerfen
Gudersleben
Woffleben
Osterode
Harzungen
Neustadt
Weilrode
Tettenborn

OSCHERSLEBEN
Neuwegersleben
Neudamm
Wulferstedt
Schlanstedt
Pesecken-
dorf
Bottmersdf.
Klein
Germersleben
Klein Oschersleben
Blumen
berg
Bode
Günthersdorf
Groß
Germersleben
Schwaneberg
Hordorf
Klein-
alsleben
HADMERSLEBEN
Etgersleben
Eilenstedt
Aliken-
dorf
Krottorf
GROSS-
ALSLEBEN
EGELN
NORD
Röderhof
Huysburg
SCHWANE-
BECK
Nienhagen
Westeregeln
Heynburg
KROPPENSTEDT
Wolmirsleben
Hotemme
GRÖNINGEN
EGELN
Tarthun
Groß
Quenstedt
Emers
leben
Klein
Quenstedt
Dalldorf
Deesdorf
Hakeborn
Liebfrauen-K.
HALBERSTADT
Dom
SCHNEID-
LINGEN
Adersleben
Heteborn
Hakel
Rodersdorf
Groß-
Börnecke
COCHSTEDT
Spiegelsberge
WEGE-
LEBEN
Goldbach
Lausehügel
Harsleben
Hedersleben
Hausneindorf
Schadeleben
Mahn- u.
Gedenkstätte
Heidberg
Wedder-
stedt
Friedrichsaue
Neu
Königsaue
Münchenhof
Ditfurt
Gatersleben
Winningen
Börnecke
NSG
Selke
Westerhausen
Nachterstedt
Frose
Wilsleben
Morgenrot
HOYM
KENBURG
Stifts-K.
QUEDLINBURG
Quedlinburg
Altstadt
Timmen
rode
Warnstedt
Weddersleben
Badeborn
Reinstedt
ASCHERS
LEBEN
Bode
Radisleben
ERMS-
LEBEN
Westdorf
THALE
Neinstedt
Asmusstedt
Rieder
Roseburg
Stecklenberg
Bad
Suderode
GERNRODE
Stiftskirche
OPPERODE
Konradsburg
Endorf
Welbsleben
Eine
BALLENSTEDT
Meisdorf
Quenstedt
Ramberg
Friedrichs-
brunn
Neuplatendorf
Harkerode
Burg
Arnstein
Lohberg
NSG
Wieserode
Ulzigerode
Alterode
Sylda
Pfersdorf
Walbeck
Falkenstein
Burg
Anhalt
Pansfelde
Stangerode
Willerode
Siptenfelde
HARZGERODE
Bräunrode
Ritterode
Eine
Horbeck
Meisberg
Molmerswende
Friedrichrode
Greifen-
hagen
Rödgen
Selke
Silberhütte
Tilkerode
Abberode
Ritzgerode
Schielo
Stein-
brücken
Biesenrode
Leimbach
Gräfen-
stuhl
Vatte-
rode
Straßberg
Neudorf
Königerode
Hermerode
Rammelburg
MANSFELD
Kloster-
mansfeld
Friesdorf
Dankerode
Braunschwende
Piskaborn
Blume-
rode
Auerberg
Möllendorf
Hayn
Wipper
Kurort
Wippra
Siebige-
rode
Gorenzen
Schwenda
Wolfsberg
Paßbruch
Hayda
Annarode
Ziegelrode
Ahlsdorf
Unterharz

Schloß Stolberg

Vorwort

»In Stunden der Erholung von ernsten Berufsarbeiten schrieb der Verfasser die folgenden Blätter. – Mögen sie Denen willkommen sein, welche aus Nähe und Ferne zu unserm hercynischen Gebirge pilgern, um sich an seinem Waldesgrün, an seinen lieblichen Thälern, an seinen rauschenden Quellen das Herz zu erfrischen; mögen sie ihnen genügenden Aufschluß geben über jene von den Bergen herabschauenden Trümmer der Vorzeit, welche zum Theil große Erinnerungen wecken ...«

So leitete Friedrich Hoffmann sein 1836 erschienenes Werk »Die Burgen und Bergfesten des Harzes und der nächsten Umgebung« ein. Das Anliegen des vorliegenden Buches unterscheidet sich kaum von dem Hoffmanns, sieht man einmal von dem zeitlichen Abstand ab. Für Harzer und Harzreisende gleichermaßen geschrieben, soll es Wegweiser und Begleiter für diejenigen sein, die sich intensiver mit den Burgen und Schlössern in der Umgebung des Brockens beschäftigen wollen. Dem Charakter des Buches entsprechend, konnten nur insgesamt sieben historische Anlagen vorgestellt werden.

Über Jahrhunderte hinweg lag das nördlichste Mittelgebirge Deutschlands im Schnittpunkt unterschiedlichster Herrschaftsinteressen. Grenzen wurden gezogen, befestigt und umkämpft. Ritter, Knappen und Söldner schlugen sich um Forsten, reiche Bergstädte und natürlich um die Erze. Was von all dem blieb, sind neben den Legenden und schriftlichen Überlieferungen die steinernen Zeugen der Geschichte.

Gegenwärtig sind für den Harz und sein näheres Umland etwa 500 Orte bekannt, an denen sich früher einmal Burgen, Pfalzen und andere Herrensitze oder Befestigungsanlagen befanden. Viele von diesen sind als solche für den Laien überhaupt nicht mehr zu erkennen. Oft blieben von einer stolzen Burg nur die abgeflachten Reste des Wallgrabensystems, ja manchmal weist nur eine schriftliche Nachricht darauf hin, daß sich an einer geographisch nicht einmal genau bestimmbaren Stelle eine mittelalterliche Wehranlage befunden hat.

Dennoch war es das Ziel des Autors, eine für die Ostharzer Region repräsentative Auswahl zu treffen. So stehen neben touristi-

Schloß Wernigerode

schen Hauptattraktionen wenig bekannte Insidertips, die man in den Landkarten erst suchen muß. Gleiches betrifft die Typen der vorgestellten Anlagen: Da gibt es die Wasserburg des Harzvorlandes und das Schloß im Stil des Historismus, das sich aus einer mittelalterlichen Gipfelburg entwickelte. Selbst eine preußische Festung ist vertreten, wenn auch nur als Ruine, dafür aber mit langer Geschichte und vielen, vielen Legenden.

Die Texte sollen vor allem über deren Geschichte und Baugeschichte informieren, wobei nach Möglichkeit auch auf Novitäten, Legenden und Anekdoten nicht verzichtet wurde. Der teilweise recht unterschiedliche Umfang der einzelnen Beiträge ist dabei weniger der Bedeutung des jeweiligen Bauwerkes als dem derzeitigen, recht differenten Forschungsstand geschuldet.

Stiftsburg Quedlinburg

So bleibt dem Autor schließlich nur noch die angenehme Aufgabe, all jenen zu danken, die durch ihre Mithilfe, sei es in Form von weiterführenden Hinweisen und Auskünften, durch die Bereitstellung von Materialien oder aber mit der Durchsicht des Manuskripts dazu beigetragen haben, dieses Buch fertigzustellen.

Wernigerode, im Herbst 1992
Uwe Lagatz

Hausmannsturm, Schloß Wernigerode

Schloß Wernigerode

Über den ziegelroten Dächern der Stadt Wernigerode, die dem Dichter Hermann Löns ihren Beinamen »Bunte Stadt am Harz« verdankt, erhebt sich ein Schloß, das weit über die Grenzen seiner Region bekannt ist. Tausende von Besucher jährlich zieht seine unverwechselbare Silhouette in ihren Bann.

Dabei ist der Anblick des Schlosses immer ein anderer, neuer. Je nach der Perspektive des Betrachters wechselt es seine Gestalt, jedes Wetter, jede Tageszeit setzt die Färbung der Mauern und Türme in ein anderes Licht, und die im Rhythmus des Jahres wechselnden Farben des Laubwaldes verleihen dem Schloß einen immer wieder neuen Rahmen. Gleichwohl ist es von einem ganz eigenen Flair umgeben: Wie ein romantisches Märchenschloß mutet es an, in nächtlicher Beleuchtung könnte es fast eine neuzeitliche Filmkulisse abgeben. So ist es kaum zu glauben, daß die Geschichte dieses stattlichen Bauwerks tatsächlich bis ins sagenumwobene Mittelalter zurückgeht.

Als Erbauer der Burg gilt Graf Adalbert, der als »Comes de Wernigerothe« am 18. Oktober 1121 in einer Schenkungsurkunde des Halberstädter Bischofs genannt ist. Dieser Graf, ein gebürtiger Schwabe, soll sich als Gefolgsmann des damaligen Kaisers in dessen Auftrag hier nahe der im 9./10. Jahrhundert entstandenen Rodesiedlung, nach der er sich auch nannte, eine Veste errichtet haben. Ob die Bergkuppe, die er zu diesem Zwecke auswählte, schon in vor- oder frühgeschichtlicher Zeit Befestigungsanlagen trug, ist nicht bekannt. Unbestritten ist dagegen, daß der Bauplatz für damalige Verhältnisse äußerst klug gewählt war. Unmittelbar an zwei alten Heerstraßen gelegen, so auch an dem in den Südharz führenden Thüringer Stieg oder Königsstieg, war die Burg als Kontrollposten bestens geeignet. Darüber hinaus bot ihre geographische Lage auf einer westlich dem Agnesberg vorgelagerten Bergkuppe, etwa 120 Meter über der Rodesiedlung, Angreifern kaum eine Chance. Feinde waren eigentlich nur aus Richtung Biegenberges, so hieß der Agnesberg früher, zu erwarten, denn er überragte die Burg. Verständlich, daß daher die Ostseite der Burg diejenige war, die man zu allen Zeiten am stärksten befestigte. Wieviel Zeit die Bauarbeiten damals in Anspruch nahmen, ist aus den spärlichen schriftlichen Überlieferungen nicht zu ersehen.

Schloß Wernigerode

Bedenkt man jedoch, was an Baumaterialien den 360 Meter hohen Berg hinaufgeschafft werden mußte, so wird es wohl mehrere Jahre gedauert haben, bis ein solches Vorhaben realisiert war. Neben einigen spezialisierten Handwerkern wie Zimmerleuten und Steinmetzen, die der Graf nach Wernigerode holen ließ, waren es vor allem Frondienst leistende Bauern, die für Handlangerarbeiten und den Transport der Grauwackenbruchsteine, des Sandsteins und des Bauholzes herangezogen wurden. Als Ergebnis der mühevollen Arbeit dieser vielen unbekannt Gebliebenen entstand eine Grafenburg, die für mittelalterliche Verhältnisse recht klein gewesen sein muß.

Die etwa kreisförmig angelegte Burg hatte einen Durchmesser von 50 Metern. Die wenigen Gebäude gruppierten sich um die Nordwestecke, also die Wernigerode zugewandte Seite. Im Hof, der durch eine Sperrmauer zweigeteilt war, fanden im ohnehin schon beengten Wohnbereich außerdem Kapelle und Bergfried ihren Platz, beide sollen im 14. Jahrhundert jedoch wieder abgerissen worden sein. Die Angriffsseite der Burg hatte man mit einer Wehrmauer umgeben. Zugang zur Veste gewährte einzig das »Düstere Tor«, ebenfalls im Nordwesten gelegen.

Die Schloßkirche

Um 1120 jedenfalls, da sind sich die Fachleute einig, war die Burg fürs erste fertiggestellt. Daß in ihren Mauern ohne Fenster, Heizung und Sanitäranlagen kein sehr angenehmes Wohnen gewesen sein kann, ist uns heute klar. Damals aber ging es vor allem um Zweckmäßigkeit, und in dieser Hinsicht hatten die Baumeister wohl ganze Arbeit geleistet. Denn nachdem die Burg 1213 erstmals als »Castrum Wernigerode« urkundlich genannt wurde, bezeichnete man sie zehn Jahre später als »besonders fest«.

Um jede alte Burg ranken sich vielerlei Sagen und Legenden. Für Schloß Wernigerode ist die Geschichte vom »Rutsche fort!« eine der bekanntesten. Da sie in engem Bezug zu der eben geschilderten Entstehung der Burg steht, soll sie kurz erzählt werden:

Vor langer Zeit lebte auf dem Berg, der heute Harburg genannt wird, ein Wernigeröder Graf in einer Veste, die nur aus einem Turm bestand. Die Familie des Herrschers wuchs und damit auch die Anzahl seines Gesindes, und so hätte sich eine Vergrößerung der Burg dringend notwendig gemacht. Einige Versionen der Sage

Schloß Wernigerode. Lithographie von W. Ripe um 1840

berichten, daß der Herr der Veste ja durchaus mit den räumlichen Verhältnissen zufrieden gewesen sei, aber seine Gemahlin... Das Plateau des Berges bot für eine Erweiterung jedoch keinen Platz. Nahezu ideal für einen Neubau erschien dagegen der gegenüberliegende Bergrücken, auf dem sich heute das Schloß befindet. Schließlich sah der Graf, von seiner Gattin bedrängt, keinen anderen Ausweg, als sich dem alten Hausgeist anzuvertrauen. Der allerdings, seit Jahrhunderten auf dieser Anhöhe angestammt, mahnte den Grafen, gegenüber dem alten Gemäuer, das seinen Vorfahren über Generationen hinweg Wohnung und Schutz geboten hatte, nicht undankbar zu sein. Doch kaum war der Geist verschwunden, dröhnte aus den Grundmauern der Veste ein unheimliches »Rutsche fort!« – die Burg wurde samt Mann und Maus unter Knirschen und Getöse wie von einem Riesenarm gepackt und auf den größeren Berg umgesetzt. Der alte Hausgeist soll sich seitdem nie wieder habe sehen lassen.

Auf dem 435 Meter hohen Harburgsberg befand sich nach archäologischen Erkenntnissen im 12./13. Jahrhundert tatsächlich eine kleine romanische Herrenburg, das Vorhandensein besagten Hausgeistes konnte allerdings bis heute weder bewiesen noch bestritten werden.

Im 13. und 14. Jahrhundert verbesserten die ansässigen Grafen, als deren Lehensherr 1268 der Markgraf von Brandenburg und 1381 der Erzbischof von Magdeburg in den Quellen genannt wer-

Der Festsaal

den, durch Um- und Neubauten die Wehrhaftigkeit ihrer Burg. So entstanden im Umkreis von ungefähr zehn Metern zur ältesten Anlage eine zweite Ringmauer und ein Zwinger, den man als inneren Graben bezeichnete. In der Wernigerode zugewandten Nordostecke fand ein neuer Turm seinen Platz, der, in den Überlieferungen nacheinander »Senweldenturm«, »Hausmanns-« und »Schusterturm« genannt, mit einem stattlichen Durchmesser von 7,8 Metern und einer Höhe von 24 Metern aufwarten konnte. Noch heute gehört er, wenn auch im Laufe der Zeit mehrfach verändert, zu den Bauten des Schlosses, die seine ganz besondere Eigentümlichkeit ausmachen.

Neben einer sogenannten Halben Schale, die als Mauerturm im Nordosten ihren Platz fand, befestigte man die Angriffsseite noch stärker, indem man zwei weitere Türme errichtete, den »Obersten Turm« und den »Grauen Turm«. Zugang ins Burginnere gewährte nach wie vor das »Düstere Tor«. Später wurden im Burgbereich eine Kapelle und ein etwa 15 Meter hoher Rundturm erbaut. Letzterer, wohl als Bergfried errichtet, wurde 1494 zu einem Wendeltreppenturm umfunktioniert.

Schloß Wernigerode, das Königszimmer

Zu den ältesten Gebäuden des Schlosses, die, zwar immer wieder stark verändert, das Erscheinungsbild der Anlage bis heute bestimmen, gehören das »Neue Haus«, das »Steinerne Haus« und der »Hofstubenbau«, die vorwiegend zu Wohnzwecken genutzt wurden.

Sehr enge Beziehungen besaßen die Grafen, die auf der Burg residierten, zwangsläufig zu den Wernigerödern. Die Anlage der Rodesiedlung hatte sich mit ihrer günstigen geographischen und verkehrstechnischen Lage als zukunftsträchtig erwiesen. Nicht zuletzt dank dem Fleiß der hier lebenden Handwerker und Kaufleute konnten die Grafen dem Marktflecken endlich am 27. April 1229 das Stadtrecht nach Goslarer Vorbild verleihen. Daß die nunmehrigen Städtebürger noch einen langen Weg zur Autonomie vor sich hatten, beweist allein die Tatsache, daß sie 1279 immerhin 70 Halberstädter Mark, das waren etwa 70 Pfund Silber, aufbringen mußten, um die Stadtbefestigung zu kaufen und damit das Recht zu erhalten, über die eingenommenen Torzölle frei zu verfügen.

Ein weiterer Erfolg in ihrem Streben nach Selbständigkeit war, daß beispielsweise seit 1326 ein Bürger der Stadt anstelle des gräflichen Landvogtes die Gerichtsbarkeit als Vogt ausübte. Trotzdem befand sich die Kommune auch weiterhin unter der Oberherrschaft der Grafen. Das zeigte sich unter anderem auch darin, daß die Städtebürger für eventuelle Fehden die notwendige Mannschaft zu stellen hatten.

Das Schloß, vom Agnesberg aus gesehen

Nun standen solche Kleinkriege damals auf der Tagesordnung, aber im Verlaufe des 14. Jahrhunderts taten sich die Wernigeröder besonders unrühmlich hervor. Nachdem sie 1301 einen Überfall auf das Kloster Walkenried gewagt hatten, lösten sie mit ihrem Angriff auf das Kloster Ilsenburg im Jahre 1309 eine Fehde aus, die auf Niedersachsen übergriff. So sah sich 1314 sogar der Papst gezwungen, Stadt und Grafschaft mit Bann und Interdikt zu belegen.

1343 allerdings verbuchten die Grafen einen entscheidenden Erfolg für sich. An der Seite des Halberstädter Bischofs beteiligten sie sich am Kampf gegen den berüchtigten Albrecht von Regenstein, bei dem ihnen ein naher Verwandter des gefürchteten Raubgrafen in die Hände fiel. Seine Freiheit mußten die Regensteiner teuer erkaufen. Viele Dörfer des Harzvorlandes, zum Beispiel Minsleben, Reddeber, Langeln, Wasserleben und Silstedt, hatten sie an die Wernigeröder abzutreten, um den Gefangenen freizubekommen. Namentlich ältere Historiker bezeichnen den Tag des Vertragsabschlusses, den 26. Juni 1343, als die eigentliche Geburtsstunde der Grafschaft Wernigerode, denn von nun an bildete sie einen geschlossenen Besitz um Burg und Stadt.

Als wahre Raubritter machten sich die gräflichen Brüder Konrad und Dietrich einen Namen. Nicht nur, daß sie mit ihren Nachbarn oft in Fehde lagen, auch Straßenräuberei trieben sie mit dem größten Vergnügen, wohl wissend, daß solche Art Untaten selbst für Adlige am Galgen endeten, besser gesagt: hätten enden müssen,

Stahlstich von Captn. Batty, 1827

denn sehr oft soll dieses Gesetz nicht zur Anwendung gekommen sein. Diesem Umstand vertraute wohl auch Graf Dietrich, als er einen 1384 vereinbarten Landfrieden brach, indem er die Blankenburg überfiel, ohne vorher dem Grafen Busso die Fehde anzusagen. Hätte er dies getan, wäre sein Verhalten übrigens rechtens gewesen. Jedenfalls gelang das nächtliche Unternehmen, in dessen Ergebnis Dietrich vor allem Lösegelder erpressen wollte. Obwohl er damit den Frieden gebrochen hatte, muß er seiner Sache sehr sicher gewesen sein, als er sich nach längerer Zeit unter freiem Himmel einem adligen Ehrengericht stellte, das am 22. Juli 1386 in der Nähe der Stapelburg stattgefunden haben soll. Von seinen Freunden im Stich gelassen, erfuhr Graf Dietrich aus dem Munde des Magdeburger Erzbischofs das Todesurteil, das mittels eines Kurzschwertes unverzüglich vollstreckt worden sein soll. Seine Leiche hängte man zur Abschreckung mit dem Zaumzeug des eigenen Pferdes an eine große Eiche, die sogenannte Hangeleiche. So jedenfalls sagt es die Überlieferung, die in verschiedenen Versionen bis auf den heutigen Tag unter den Lokalhistorikern heftig diskutiert wird.

Graf Heinrich, ein Bruder Dietrichs, war der letzte Graf von Wernigerode. Nachdem er am 3. Juni 1429 verstorben war, legte man seinen Leichnam in der Sylvestrikirche zu Grabe. Einen Erbfolgekrieg brauchte die Bevölkerung jedoch nicht zu fürchten, denn schon 1417 hatten die Harzgrafen aus Wernigerode mit ihren

Wendelstieg im Schloß

weitläufigen Verwandten in Stolberg einen Erbverbrüderungsvertrag abgeschlossen. Die Erbhuldigung, die die Stadt Wernigerode dem zukünftigen Herrscher Graf Botho am 10. November 1417 darbrachte, ist im Festsaal des Schlosses dargestellt. In einem der drei großen Wandgemälde, die der Historienmaler Konrad Beckmann während des Schloßumbaus im 19. Jahrhundert schuf, ist die symbolische Übergabe der Stadtschlüssel an den Stolberger nachgestaltet worden. Wurde auch der Wappenschild des Grafen Heinrich über dessen offenem Grabe zerbrochen, lebten die wernigerödischen roten Forellen auf silbernem Grund dennoch weiter. Vereint mit dem schwarzen Hirsch im goldenen Feld, bildeten sie das neue Wappen Bothos, der sich fortan »Graf und Herr zu Stolberg und Wernigerode« nannte.

Unter der Regie der neuen Herren erlebte die Burg einen weiteren Ausbau. So wurde noch vor Beginn des Bauernkrieges eine zweite Ringmauer errichtet, die die innere Mauer im Abstand von etwa zehn Metern umgab. Die Angriffsseite der Burg sicherte man außerdem mit einem neuen Wall und einem dritten Turm, dem im 17. Jahrhundert abgerissenen »Wolf«. Zur Stadt hin fand eine Bastion mit eingebauten Kasematten ihren Platz. Zum großen Vorrat an Feuerwaffen zählten damals allein 15 schwere Geschütze. Und so muß diese Veste fast uneinnehmbar gewesen sein. Kein Wunder also, daß der Enkel des ersten Grafen zu Stolberg und Wernigerode, Botho, während des Bauernkrieges auf Burg Wernigerode Schutz suchte, nachdem er bereits mit den Aufständischen in Stolberg im Frühjahr 1525 sehr unliebsame Erfahrungen gemacht hatte. Zwar probten auch in der hiesigen Grafschaft Handwerker, Bauern und Tagelöhner den Aufstand, ja sie stürmten sogar das nahe der Stadt gelegene Kloster Himmelpforte, einen ernstlichen Angriff auf die Veste wagten die Wernigeröder, die unter dem Kommando des Barbiers Wilhelm Wiardes standen, dennoch nicht. So fiel denn auch Bothos Strafmaß für die Wernigeröder vergleichsweise milde aus. Während er in Stolberg neun Aufständischen von einem wernigerödischen Scharfrichter den Kopf abschlagen ließ, wurde Wiardes nach Folter und Todesurteil schließlich begnadigt und aus der Grafschaft verbannt. Daß dies auf Fürbitte der Herzogin von Braunschweig geschehen war, soll nicht unerwähnt bleiben.

Noch bis in das 17. Jahrhundert hinein war man darum bemüht, die Burg Wernigerode weiter zu befestigen, um damit der raschen Entwicklung der Feuerwaffen verteidigungsgerecht entgegenzuwirken. Im Jahre 1616 war die Veste schließlich durch insgesamt vier Ringmauerzüge gegen jeglichen Angriff gewappnet. Der in jenem Jahr aufgebaute Mauerring deckte die West-, Süd- und Ostseite. Nur ganze zwei Jahre später sollte ein Krieg beginnen, der ganz Europa in Angst und Schrecken versetzte und vor allem das damalige Heilige Römische Reich deutscher Nation in den Strudel des Untergangs zog. Zwar gerieten Burg und Stadt Wernigerode nie in den Bannkreis berühmter Schlachten; Truppendurchzüge, Einquartierungen und kleinere Gefechte reichten dennoch, um auf Dauer die ansässige Bevölkerung zu erschöpfen und dezimieren. Auch auf das Schicksal der einst so wehrhaften Veste hatten sie entscheidenden Einfluß.

Schloß Wernigerode. Stahlstich von L. Rohbock um 1850 (Ausschnitt)

Blieben Stadt und Grafschaft in den ersten Jahren vom Kriege verschont, so erschien am 17. Januar 1626 der kaiserliche General Wallenstein vor den Mauern Wernigerodes. Da Graf Christoph mit den Feinden des Kaisers konspiriert haben soll, schickte Ferdinand II. seinen fähigsten Feldherrn, um über die Stadt und deren Bewohner ein Strafgericht ergehen zu lassen. Zwar konnte der Graf am folgenden Tage in einer Unterredung mit Wallenstein das Schlimmste verhindern, eines blieb den Wernigerödern neben der obligaten Plünderung dennoch nicht erspart: Sie hatten fortan eine Garnison zu versorgen. Unter dem Kommando des Obristenwachtmeisters Vitus Robertus, einem Iren, nahmen mehr als 130 Musketiere in der Veste über der Stadt Quartier. Nicht genug damit, daß die Lebensmittelforderungen der Soldaten die Städtebürger arg bedrückten – sie mußten beispielsweise jeden Tag eine Kuh für ihre ungebetenen Gäste schlachten – selbst den »schwarzen Tod«, die Pest, sollen die Kaiserlichen in die Stadt gebracht haben. Etwa die Hälfte von ihnen verstarb damals, nachdem bereits in einer vorhergehenden Pestepidemie in den Jahren 1596/97 von den 2500 Wernigerödern 1800 hinweggerafft worden waren. Im November des gleichen Jahres schließlich zogen die verhaßten Mannen um

Die Halle, Ausstellungskomplex »Wohnschloß 19. Jahrhundert«

Vitus Robertus endlich ab. Bis in das Jahr 1648, in dem der Westfälische Frieden das Ende des Krieges besiegelte, folgten für die Bewohner der Grafschaft Wernigerode weitere blutige Überfälle, Kontributionen und Repressalien. Erst im Oktober 1649 verließ die letzte Besatzung, es waren Schweden, die Burg.

Während der Kriegsjahrzehnte häufig unbewohnt und einige Male umkämpft, befand sie sich in einem erbarmungswürdigen Zustand. Ihre militärische Bedeutung hatte sie aufgrund der rasanten Entwicklung der Feuerwaffen nun endgültig verloren, obwohl sie noch während des Krieges im Jahre 1626 in einem Schriftstück als »Frontir«, d.h. Festung, bezeichnet wurde. Nachdem bereits 1645 der gesamte Besitz der Grafen zu Stolberg-Wernigerode zwischen Johann Martin (1594–1669) und Heinrich Ernst (1593–1672) in die Grafschaften Stolberg und Wernigerode geteilt worden war, begannen auf der alten Burg 23 Jahre nach Kriegsende neue Bauarbeiten. Teile der Wehranlagen riß man ab, so z.B. den »Oberen Turm« und den »Grauen Turm«.

Bis 1676 sollte es dauern, dann war aus der Veste endgültig ein Schloß geworden, ein Barockschloß, das in der Folgezeit vor allem ein Wohnschloß war. Aus dieser Bauetappe ist bis heute u.a. noch der an der ehemaligen Angriffsseite der Burg errichtete Barockflügel erhalten. Mit seinem schlichten Fachwerk prägt er wesentlich den Charakter des Schloßinnenhofes. Die barocken Fensterportal-Verzierungen mit den Engeln, Wappen und Ranken, die durch ihre Farbigkeit den Blick auf sich ziehen, schmückten zu ihrer Entstehungszeit an dieser Stelle übrigens eine Tür.

Nachdem Schloß Wernigerode seit 1710 die ständige Residenz der Grafen geworden war, sollten knapp 150 Jahre vergehen, bis erneut umfassende Bauarbeiten begannen, die das Aussehen des Schlosses entscheidend veränderten und ihm sein heutiges Gesicht gaben. Zuvor allerdings standen noch wesentliche politische Veränderungen ins Haus. In Preußen hatte 1713 der als Soldatenkönig bekannte Friedrich Wilhelm I. den Thron bestiegen. Schon dessen Vater, der Große Kurfürst, hatte in der Mitte des 17. Jahrhunderts mit militärischer Präsenz an die alte Oberlehensherrschaft der Brandenburger über die Grafschaft Wernigerode erinnert. Friedrich Wilhelm I. machte nun auch juristisch Ernst. Obwohl Graf Christian Ernst mit ihm gut befreundet gewesen sein soll, konnte er den Rezeß vom 19. Mai 1714 schließlich doch nicht verhindern, der die Grafschaft Wernigerode zu einer Enklave Brandenburg-Preußens werden ließ. Zwar blieb dem Grafen die formale Reichsunmittelbarkeit, der Besitz von den Ländereien, Bergwerken, Hütten, Mühlen und Wäldern, das Münzrecht sowie die Zivil- und Kri-

Blick über die alte Stadtmauer zum Schloß

minalgerichtsbarkeit. Die Grafschaft wurde weiterhin durch die gräfliche Regierung verwaltet, die Territorialhoheit jedoch besaß der preußische König, dessen Gesetze fortan galten. Ab 1822 ging die Grafschaft endgültig im mächtigsten deutschen Territorialstaat auf. Zuvor war sie im Zuge der napoleonischen Besetzung von 1807 bis 1813 Bestandteil des Königreichs Westfalen gewesen.

1862 begannen schließlich die Umbauarbeiten, die aus dem alten schlichten Barockschloß ein Wahrzeichen des Historismus werden ließen. Letzteres mag der seit 1858 regierende Graf Otto zu Stolberg-Wernigerode, den der Kaiser 1890 in den Reichsfürstenstand erhob, nicht geahnt haben, als er den in Blankenburg geborenen Architekten Carl Frühling (1839–1912) im Mai des genannten Jahres mit den Arbeiten betraute. Vielmehr scheinen fürs erste nur dringend notwendige Renovierungsarbeiten auf der Tagesordnung gestanden zu haben, denn Ottos Vorgänger waren in den letzten Jahrzehnten mit den Mitteln zum Erhalt des Schlosses sehr sparsam umgegangen. Dennoch wurde der Schloßumbau erst 1883 abgeschlossen, der unterm Strich fast 2 Millionen Mark kostete. Aus der wehrhaften Veste des Mittelalters war nun auf dem Umweg des Barockschlosses ein typischer Repräsentationsbau geworden, der mit über 200 Räumen ausreichend Platz selbst für große Gesellschaften bot. Besonders prunkvoll stattete man den Festsaal und die sogenannten Königszimmer aus – letztere sind dabei die einzigen Räumlichkeiten des Schlosses, die nach über 100 Jahren noch immer im Originalzustand erhalten sind.

Das äußere Erscheinungsbild bestimmten bis in die Gegenwart hinein Bergfried, Haupttreppenhaus, Schusterturm und die großzügig angelegte Freiterrasse. Daß das Ensemble heute in seiner Gesamtheit wie ein romantisches Märchenschloß wirkt, ist vor allem der Verarbeitung von Stilelementen der Gotik und der Renaissance sowie deren phantasievoller Kombination geschuldet. Bei allem Bedauern um den Verlust früherer Bausubstanz muß man dem 1880 zum Baurat ernannten Carl Frühling zugestehen, daß er mit der Gestaltung des Innenhofes dem Historismus ein Denkmal geschaffen hat. Die architektonischen Entwürfe für die neogotische Schloßkirche, dem berühmtesten Gebäude des Umbaus, stammen von dem Wiener Architekten Friedrich Schmidt.

Nahezu parallel zum Ausbau des Schlosses vollzog sich die politische Karriere seines Bauherrn. Von 1866 bis 1873 Erster Oberpräsident der preußischen Provinz Hannover, zwischen 1876 und 1878 deutscher Botschafter in der k. u. k.-Monarchie Österreich-Ungarn und schließlich Vizekanzler des Deutschen Reiches von 1878 bis 1881 – das waren die wesentlichen Stationen Ottos, der mit seinem etwa 60 000 Hektar umfassenden Grundbesitz zu den einflußreichsten Politikern im Umfeld Bismarcks gehörte. So ist es nur zu verständlich, daß auf Schloß Wernigerode häufig Gäste von Rang und Namen aus- und eingingen. Der erste Kaiser des 1871 zum zweitenmal aus der Taufe gehobenen Deutschen Reiches, Friedrich Wilhelm I., weilte beispielsweise mehrfach hier zur Jagd, erstmals im Jahre 1877. Mit dem zeitlichen Abstand von über einhundert Jahren kann man sagen, daß Schloß Wernigerode unter der Regierung Ottos seine Blütezeit erlebte. Einen letzten königlichen Gast beherbergte das Schloß im Jahre 1929: König Fuad von Ägypten, der sich auf Einladung des Reichspräsidenten Paul von Hindenburg in Deutschland befand, stattete auch dem Fürsten Christian Ernst in Wernigerode einen Besuch ab. Das zu Ehren Seiner Majestät ausgerichtete Gala-Diner am 21. Juni sollte für lange Zeit das letzte sein. Wirtschaftliche Fehlspekulationen um die Fürst-Stolberg-Hütte waren es in erster Linie, die während der Weltwirtschaftskrise 1929/30 schließlich zum Bankrott des Fürstenhauses führten. Fürst Christian Ernst sah sich sogar gezwungen, 1930 das Schloß als Wohnsitz aufzugeben. Um dringend nötige Erhaltungsarbeiten am Haus finanzieren zu können, gab man einige Räume des Schlosses zur Besichtigung frei.

Während des Zweiten Weltkrieges erlitt das Schloß glücklicherweise keine nennenswerten Beschädigungen, obwohl die Stadt

Wernigerode, Blick zum Schloß

Wernigerode am 22. Februar 1944 einem anglo-amerikanischen Bombenangriff ausgesetzt war, dem 216 Menschen zum Opfer fielen. Nach dem Einzug der amerikanischen Truppen im April 1945, dem sich ein kurzes englisches Intermezzo anschloß, flüchtete die fürstliche Familie schließlich vor den endgültig einziehenden sowjetischen Truppen. Ihr über mehrere Jahrhunderte angestammter Familiensitz wurde im Zuge der Bodenreform enteignet.

In den ersten Nachkriegsjahren nutzte man die Räume des Schlosses vorwiegend als Depot der Landesregierung, in dem die während der Bodenreform zusammengetragenen Kulturgüter aufbewahrt wurden. Am 16. April 1949 begann ein neues Kapitel in der Geschichte des Schlosses: Es wurde als »Feudalmuseum« wiedereröffnet und empfing zu DDR-Zeiten Millionen von Besucher. Nach der Wende von 1989 setzten die Museumsmitarbeiter mit der Umbenennung ihres Hauses in »Schloßmuseum« ein weitreichendes Signal: In naher Zukunft sollen viele Räume wieder die Gestalt annehmen, in der sie sich nach dem Umbau im 19. Jahrhundert zeigten, so daß der Besucher die Gelegenheit bekommt, einen plastischen Eindruck vom Aussehen eines Wohnschlosses im Stile des Historismus zu bekommen. Erste Erfolge auf diesem Wege sind heute bereits zu sehen. So wurden in den vergangenen Jahren u.a. der Bergfried rekonstruiert und der Innenhof original nachgestaltet, und einige Räume, etwa die am Innenhof gelegene Halle, vermitteln schon das Flair des ausgehenden 19. Jahrhunderts.

Schloß Wernigerode. Kupferstich von A. F. Lemaitre um 1830

Stiftsburg Quedlinburg

Neben Goslar, der alten Kaiserstadt, und Wernigerode, der bunten Stadt am Harz, ist Quedlinburg wohl der Ort im Harz, der am häufigsten von Touristen besucht wird. Namentlich der reiche Schatz an alten Fachwerkhäusern inmitten eines mittelalterlichen Stadtkerns hat Quedlinburg bereits vor Jahrzehnten über die Grenzen seiner Region hinaus bekannt gemacht.

Die Geschichte trug das Ihre dazu bei, hatte doch Deutschlands erster König, Heinrich I., 919 begonnen, aus der Burg auf dem 152 Meter hohen Sandsteinfelsen und damit auch aus der Siedlung bzw. Stadt zu ihren Füßen eine Metropole des Reiches zu machen, die bis ins 13. Jahrhundert hinein ihre überregionale Rolle behauptete. Nur zu verständlich, daß solch ein historischer Ort die Legenden geradezu wuchern ließ. Die wohl bekannteste Sage, die für viele noch immer als unbestrittene historische Realität gilt, betrifft Heinrich I. höchstpersönlich: Er, der Sachsenherzog aus dem Geschlecht der Liudolfinger, soll am Finkenherd unterhalb des Burgberges gerade mit dem Vogelfangen beschäftigt gewesen sein, als ihm die Edlen des Reiches die Königskrone anboten. Bei Johann Nepomuk Vogl, einem Dichter des 19. Jahrhunderts, liest sich das so:

Herr Heinrich sitzt am Vogelherd
recht froh und wohlgemut.
Aus tausend Perlen blinkt und blitzt
der Morgensonne Glut.

Herr Heinrich schaut so fröhlich drein:
»Wie schön ist heut die Welt!
Was gilt's? Heute gibt's 'nen guten Fang!«
Er lugt zum Himmelszelt.

Er lauscht und streicht sich von der Stirn
das blondgelockte Haar.
»Ei doch, was sprengt denn dort herauf
für eine Reiterschar?«

Westflügel des Schlosses

Der Staub wallt auf, der Hufschlag dröhnt,
es naht der Waffen Klang.
»Daß Gott! Die Herrn verderben mir
den ganzen Vogelfang.

Ei nun, was gibt's? «– Es hält der Troß
vorm Herzog plötzlich an.
Herr Heinrich tritt hervor und spricht:
»Wen sucht ihr da? Sagt an!«

Da schwenken sie die Fähnlein bunt
und jauchzen: »Unsern Herrn!
Hoch lebe Kaiser Heinrich, hoch
des Sachsenlandes Stern!«

Dies rufend, knien sie vor ihm hin
und huldigen ihm still
und rufen, als er staunend fragt:
»'s ist deutschen Reiches Will!«

Da blickt Herr Heinrich tief bewegt
hinauf zum Himmelszelt:
»Du gabst mir einen guten Fang!
Herr Gott, wie dir's gefällt.«

Heinrich der Vogeler

Schatzkammer des Katharinenreliquiars, um 1230, Deckel, Kreuzigungsgruppe

Abgesehen davon, daß Heinrich nie zum Kaiser des Deutschen Reiches gekrönt wurde – diese Ehre wurde bekanntlich erst 962 seinem Sohn und Nachfolger Otto I. zuteil –, hatte man ihn einige Monate nach dem Tod König Konrads und nach äußerst zähen Verhandlungen auf dem Reichstag zu Fritzlar im Mai 919 zum König gewählt. Von »deutschen Reiches Will« konnte damals keine Rede sein, votierten doch für Heinrich lediglich die Sachsen und Franken, während Bayern, Schwaben und Lothringer zur Anerkennung seiner Würde erst gezwungen werden mußten.

Die Geschichte dieses Burgbergs und seines Umlands beginnt jedoch schon viel früher. Schon nach der Eiszeit scheint das Gebiet im Osten und Nordosten dieser Erhebung besiedelt gewesen zu sein, Funde von Feuersteinklingen und Gerätschaften aus Geweih sprechen dafür. Für die Jungsteinzeit liegen zahlreiche Einzel- und Siedlungsfunde verschiedener Kulturen vor, so Gefäße der Band– und Schnurkeramiker. Erste Anzeichen für eine frühe Burgwallanlage stammen aus der Bronzezeit. In Gestalt von Resten einer Steinmauer mit Lehmpackung sind sie noch am Südhang sichtbar.

Wie aus den genannten Abschnitten europäischer Geschichte liegen ebenfalls für die Eisenzeit, die Völkerwanderung und das gesamte Mittelalter zahlreiche Funde vor, von denen viele im Museum auf dem Burgberg ausgestellt sind.

Diese lange Besiedlungsgeschichte, gepaart mit Legenden und Tatsachen um das Wirken Heinrichs I. in Quedlinburg, brachten Lokalpatrioten und Kommunalpolitiker vor einiger Zeit auf eine interessante Idee: Während sich die Größen der Politik im Zuge der

Seitenportal der Stiftskirche

deutschen Vereinigung darum stritten, ob Bonn oder Berlin künftig die Ehre gebührt, Hauptstadt aller Deutschen zu sein, unterbreiteten sie im Verbund mit Vertretern umliegender Kommunen einen anderen Vorschlag: Weder Bonn noch Berlin, nein Quedlinburg sollte die neue Bundeshauptstadt heißen, schließlich befände sich hier die »Wiege Deutschlands«. Das »Zurück zu den Ursprüngen« schien die abstimmenden Parlamentarier allerdings wenig beeindruckt zu haben, stattdessen ist Quedlinburg in Gegenwart und Zukunft lediglich um eine Anekdote reicher.

Nachdem sich auf dem Burgberg wahrscheinlich bereits in der Völkerwanderungszeit ein Herrensitz befunden hatte, entstand in verschiedenen Bauetappen seit dem 9. Jahrhundert die Stiftsburg, die noch heute in ihrer Kombination von Schloß und Stiftskirche eine architektonische Einheit bildet. Der Zugang zur Anlage befindet sich schon seit ungefähr eintausend Jahren an deren Nordwestseite, nachdem der ursprünglich an der Südseite befindliche Auf-

Barockgarten

gang dem Neubau der Stiftskirche hatte weichen müssen. Durch ein Torhaus, das sogenannte Kammertor, und einen Zwinger gelangt man noch heute in den mittleren Innenhof, der etwa ein Drittel der Gesamtfläche der Stiftsburg einnimmt. Im Süden begrenzt durch die Stiftskirche, traf der mittlere Hof auf einen westlichen. Beide trennte eine Mauer. Um den westlichen Innenhof gruppieren sich die verschiedenen Gebäude der Wohnburg, die im Süden durch das »Slaphus«, das Schlafhaus für die Stiftsdamen, mit der Turmfront der Stiftskirche verbunden sind.

Nach Westen hin begrenzt diesen Hof der in seinem Kern frühromanische »Westpalas«, dessen heutige Obergeschosse in der Gotik bzw. Renaissance erbaut wurden. Im Norden schließlich hat das ehemalige »Mueshus« seinen Platz. Vor allem als Küchen- und Wirtschaftsgebäude genutzt, geht das heutige Gebäude ebenfalls auf romanische Bausubstanz zurück, die bis ins Barock hinein immer wieder architektonischen Veränderungen unterworfen war.

Blick durchs Torhaus

Den gesamten östlichen Teil der Stiftsburg, ebenfalls etwa ein Drittel des gesamten Plateaus, nimmt der östliche Innenhof ein, der als Wirtschaftshof diente. Noch heute sind zwei Mauerringe nachweisbar und zum Teil sichtbar, die die gesamte Anlage umgaben und sicherten.

Zum Wahrzeichen Quedlinburgs wurde aber eigentlich nur die Stiftskirche, die der Volksmund Dom nennt, obwohl niemals ein Bischof in ihr residierte. Das mag daran liegen, daß die alte Basilika gegenüber den erhaltenen Burg- bzw. Schloßgebäuden viel größer, wuchtiger und bedeutender wirkt und mit ihren beiden Türmen nicht nur von Quedlinburg, sondern auch in der weiten Umgebung der Stadt über große Entfernungen zu sehen ist.

Diese dreischiffige, kreuzförmige Basilika mit ihrer Zweierturmgruppe im Westen und dem Hohen Chor sowie der Krypta im Osten ist der vierte Bau an dieser Stelle, wobei Elemente des jeweiligen Vorgängerbaus verarbeitet worden sind. Das im 9. Jahrhundert errichtete ursprüngliche Bauwerk hatte eine Grundfläche von zwölf mal zwölf Metern und war dreischiffig mit einem eingezogenen Turm geformt. Nach 936 verlängerte man diesen um elf Meter nach Westen. Zwischen 997 und 1021 fanden dann großzügige Umbauarbeiten statt, in deren Ergebnis bereits die Ausmaße der heutigen Stiftskirche erreicht worden sein sollen. Die neu errichtete Kirche wurde allerdings im Jahre 1070 mitsamt allen auf dem Burgberg befindlichen Gebäuden durch einen Großbrand vollkommen vernichtet.

Den Neubau, einige Zeit später auf den Fundamenten des ausgebrannten Gotteshauses errichtet, konnte nach langer Bauzeit 1129 endlich geweiht werden. Seither hat die Stiftskirche ihren Charakter über die vielen Jahrhunderte bewahrt, was nicht ausschließt, daß einzelne Elemente des Ensembles neu und teilweise dem Zeitgeschmack entsprechend umgebaut bzw. erneuert wurden. So beispielsweise zu Beginn des 14. Jahrhunderts, als man den Chor oberhalb der Krypta abriß und durch einen gotischen ersetzte. Zu Beginn des 18. Jahrhunderts war man dann aufgrund akuter Absturzgefahr gezwungen, die Südwand des Langhauses, die bereits 1571 zum Teil erneuert worden war, abzutragen und völlig neu aufzubauen. Weitere Eingriffe, z.B. die Veränderung der Fenster oder der Einbau von Emporen und Altären, wurden während einer gründlichen Restaurierung von 1862 bis 1882 wieder entfernt. Neuerliche umfassende Renovierungsarbeiten begannen in der Zeit der NS-Diktatur im Jahre 1936, in deren Folge beispielsweise der östliche Chorraum stark verändert wurde, um den Ansprüchen eines Himmlerschen Traditionsbewußtseins zu entsprechen. 1944 wurden die Arbeiten schließlich beendet. Während des Kriegs waren besonders die Türme der Stiftskirche durch Artilleriebeschuß beschädigt worden. Die nötigen Ausbesserungsarbeiten führte man zwischen 1946 und 1950 aus, und bei dieser Gelegenheit tauschte man die steilen Helme, die den Türmen in der zweiten Hälfte des 19. Jahrhunderts aufgesetzt worden waren, gegen niedrigere Zeltdächer aus. Da man während dieser Arbeiten weitere Schäden an der Kirche entdeckte, entschloß man sich schließlich zu einer Generalinstandsetzung des Gebäudes unter der Leitung des Instituts für Denkmalpflege Halle, die im Jahre 1959 im wesentlichen ihren Abschluß fand. Baulich zur Ruhe gekommen ist die alte Stiftsburg seither allerdings nie so recht. Da wurde beispielsweise 1964 bis 1969 die südliche Burgmauer erneuert, 1971 der Einbau einer neuen Schuke-Orgel beendet. Schließlich setzten 1981 von neuem Sicherungs- und Instandsetzungsarbeiten auf dem Burgberg ein, die bis in die Gegenwart andauern.

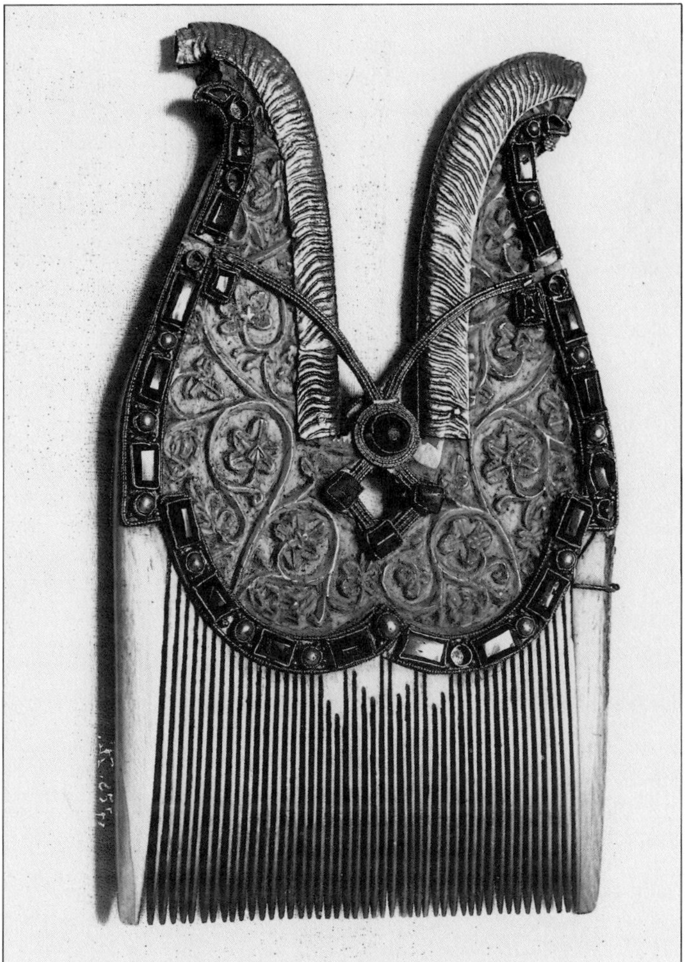

Schatzkammer des Katharinenreliquiars, Kamm, vermutlich 12. Jahrhundert, Elfenbein, Gold und Edelsteine

Die erste urkundliche Erwähnung des Namens Quedlinburg stammt aus der Zeit um 900. In der »miracula Sancti Wigberhti« ist die Rede von »Quidilingaburch«. 922 spricht man von »Quitilingaburg«, wobei man heute annimmt, daß sich dieser Name nicht allein auf die Burg der Liudolfinger bezog, sondern gleichermaßen

Fachwerkpartie am Schloßberg mit Stiftskirche

die zu Füßen des Burgbergs entstandenen Siedlungen und Höfe bezeichnete. Wie schon eingangs beschrieben, vollzog sich seit 919 der Aufstieg Quedlinburgs. So sind für den Zeitraum 922 bis 1207 69 Besuche von 16 deutschen Königen und Kaisern nachgewiesen. Im Jahre 929 wurde die Reichsversammlung nach Qued-

linburg einberufen, Heinrichs Sohn und Nachfolger Otto I. heiratete Editha von England, und außerdem traf der König Vorsorge für den Fall seines Ablebens: Er schenkte seine Besitzungen, so u.a. die Quedlinburg, seiner Gemahlin Mathilde als Witwengut. Diese Entscheidung Heinrichs sollte die Geschicke der Burg und der

Siedlung bzw. Stadt zu ihren Füßen über viele Jahrhunderte prägen, denn Mathilde gründete auf dem Burgberg im Todesjahr ihres Mannes 936 ein Damenstift, dessen Rechtmäßigkeit kurz darauf von Otto I. bestätigt wurde.

Der erste deutsche König, der in Memleben gestorben war, fand seine letzte Ruhestätte schließlich auch in der Quedlinburg. Von nun an vereinte die ursprüngliche Burg zwei Funktionen: Einerseits beherbergte sie das Stift, das, von Mathilde mit umfangreichen Besitzungen und Rechten ausgestattet, unmittelbar Kaiser und Papst unterstellt war, andererseits behielt die königliche Pfalz hier ebenfalls ihr Domizil. Große Reichsversammlungen fanden hier statt, während man über die Angehörigen der königlichen Familie sagte, daß sie besonders gern zu Ostern in Quedlinburg weilten. Königin Mathilde, die ihrem Damenstift zu Lebzeiten selbst vorstand, starb schließlich 968 und wurde neben ihrem Gemahl vor dem Hauptaltar der zur Stiftskirche umgebauten Pfalzkapelle beigesetzt. Zwei Jahre zuvor hatte sie allerdings schon ihre Enkelin Mathilde als erste Äbtissin einführen lassen. Durch deren geschickte Politik, die von ihren Nachfolgerinnen, die gleich ihr bis in das 12. Jahrhundert ausschließlich dem Königshaus entstammten, weitergeführt wurde, vergrößerten sich Machtposition und Vermögen des Stifts zusehens.

Von großen Ereignissen auf der Stiftsburg ist in den schriftlichen Quellen aus jener Zeit zu lesen. So residierten von 973 bis 978 die Kaiserinnen Adelheid und Theophano auf der Burg, die Äbtissin Mathilde wurde in den letzten Jahren des ausgehenden 10. Jahrhunderts zur Reichsverweserin. Schließlich geriet die Stiftsburg in der ersten Hälfte des 12. Jahrhunderts ins Zentrum der Auseinandersetzungen zwischen Staufen und Welfen. Mehrfach eingenommen und belagert, wurden ihre Befestigungsanlagen nach der Besetzung durch Hoyer von Falkenstein im Jahre 1224 teilweise abgebaut. Die Stiftsburg hatte ihre Wehrhaftigkeit eingebüßt und Quedlinburg seine überregionale Rolle für lange Zeit verloren. Das Stift allerdings bestand noch bis zu Beginn des 19. Jahrhunderts. Im Jahre 1803 erst wurde es durch den preußischen Staat aufgelöst.

Einige Jahre später sorgten die im Zuge der napoleonischen Expansion in ganz Europa anwesenden Franzosen auch auf dem alten Burgberg für große Aufregung: 1812 wurde der Stiftsschatz kurzerhand in die Hauptstadt des nur wenige Jahre bestehenden Königreiches Westfalen, nach Kassel, überführt. Ein Jahr später verfügte die Regierung des gleichen Staates gleichsam mit ihrem letzten Atemzug die Versteigerung des gesamten Stiftinventars und somit auch aller Gegenstände, die sich in dem aus den Burg-

Die Stiftsburg von Westen

gebäuden über Jahrhunderte entstandenen Schloß befanden. Insgesamt 1713 Objekte kamen damals unter den Hammer und erbrachten einen Erlös von 3941 Talern und 39 Pfennigen.

Über den traurigen Anblick, den die leeren Räume des einst fürstlich eingerichteten Schlosses noch Jahrzehnte später boten, scheibt Theodor Fontane in seinem Roman »Cecile«. Die Rede ist von dem Kastellan: »Dieser, ein freundlicher und angenehmer Mann, nahm durch seine Freundlichkeit sofort für sich ein, fiel aber andererseits durch ein unsichres und fast schlechtes Gewissen verratendes Auftreten einigermaßen auf, ganz wie jemand, der Lotterielose feilbietet, von denen er weiß, daß es Nieten sind. Und wirklich, sein Schloß konnte, durch alle Räume hin, als eine wahre Musterniete gelten. Was es vordem an Kostbarkeiten besessen hatte, war längst fort, und so lag ihm, dem Hüter ehemaliger Herrlichkeit, nur ob, über Dinge zu sprechen, die nicht mehr da waren. Eine nicht leichte Pflicht, der er sich aber mit viel Geschick entzog, indem er den herkömmlichen, an vorhandene Sehenswürdigkeiten anknüpfenden Kastellansvortrag in einen umgekehrt sich mit dem Verschwundenen beschäftigenden Geschichtsvortrag umwandelte.« Blieben die Räume des Schlosses über lange Zeit leer, war doch aber wenigstens der Schatz 1821 nach Quedlinburg zurückgeführt worden.

Das Schicksal dieses Stiftsschatzes verknüpft auf besondere Weise Anfang und Ende, Ursprung und nahe Zukunft der Quedlinburger Stiftsburg. Schon im 10. Jahrhundert besaß das Stift einen recht kostbaren Schatz, der von einem 984 erwähnten »Kimiliarche« betreut wurde. Aus dem ersten Drittel des folgenden Jahrhunderts ist schließlich ein Schatzverzeichnis überliefert, dessen Vollständigkeit zwar von den Fachleuten angezweifelt wird, das dafür aber einen plastischen Eindruck vom Umfang des Schatzes vermittelt. So gehörten dazu »acht Kreuze von Bernstein, fünf von Gold, sechs von Silber, zwölf mit Edelsteinen geschmückte Flakons, ein silbernes zum Theil vergoldetes Christusbild, eine Bernsteinkapsel, drei elfenbeinerne Kasten mit Reliquien, ein silberner vergoldeterer Adler, fünf Crystallschalen, eine Schale von Gold, 53 goldene Behältnisse«.

Im Laufe der Jahrhunderte wurde der Schatz um kostbare Stücke vermehrt, einiges ging verloren oder wurde verkauft, um Mittel für dringend notwendige Bauarbeiten zu beschaffen. Die Schicksalsstunde des Schatzes schlug schließlich am Ende des Zweiten Weltkrieges. Um die kostbaren Gegenstände vor Fliegerangriffen zu schützen, hatte man sie, in Kisten verpackt, in eine Höhle ausgelagert. Dort wurden sie dann im Durcheinander des militärischen Fiaskos wahrscheinlich von amerikanischen Soldaten aufgebrochen. Schließlich schickte der US-Oberleutnant Joe Thomas Meador per Feldpost einen Teil des Schatzes als persönliche Kriegsbeute ins heimatliche Texas. Die zehn verschollen geglaubten Kunstwerke, darunter ein mit Gold und Edelsteinen verziertes Evangeliar aus dem Jahr 1513 von unschätzbarem Wert, gerieten erst wieder ins Licht der Öffentlichkeit, als die Erben des 1980 verstorbenen Meador den Schatz verkaufen wollten. Nach langen Verhandlungen konnte dieser endlich im Frühjahr 1992 nach Deutschland zurückgeführt werden. In Berlin gründlich restauriert und von Oktober 1992 bis Mai 1993 dort ausgestellt, kehrt der Schatz im Sommer 1993 dann endlich wieder an seinen angestammten Platz zurück und wird sicher eine große interessierte Öffentlichkeit in seinen Bann ziehen.

Neben der Stiftskirche, in der regelmäßige Führungen angeboten werden, besitzt der Schloßberg eine Reihe weiterer Anziehungspunkte. So befindet sich in Teilen der Schloßgebäude ein Museum, das 1929 eingerichtet wurde, nachdem der Staat drei Jahre zuvor das Schloß der Stadt Quedlinburg geschenkt hatte. In einzelnen Abteilungen kann man hier heute anhand vieler Exponate Infor-

Quedlinburg. Stahlstich von L. Rohbock um 1850 (Ausschnitt)

mationen zur Geschichte von Stadt und Stift Quedlinburg, zur frühen Besiedlung des Landes auf und um den Burgberg und natürlich auch zu jenem Schatz erhalten.

Wer vom Rundgang durch Kirche oder Museum erschöpft ist, hat die Möglichkeit, sich im seit 1930 bestehenden »Schloßkrug« bei Speis' und Trank zu laben. Er kann aber auch von der großen Terrasse, beim gemütlichen Gang durch den Barockgarten den Blick über die Dächer und Türme der mittelalterlichen Stadt schweifen lassen.

Für Bücherfreunde gibt es schließlich noch einen anderen Schatz in den alten Stiftsgebäuden: die Archivbibliothek. Mit ihrem Bestand von rund 30 000 Bänden, zu dem theologische, historische, juristische, altsprachliche und natürlich auch naturwissenschaftliche Schriften zählen, bildet sie eine Universalbücherei, deren älteste Exemplare aus dem 15. Jahrhundert stammen. Dieser kostbare Fundus basiert auf der Zusammenlegung von ursprünglich drei Bibliotheken im 19. Jahrhundert: der 1662 gegründeten Ratsbücherei, der 1686 von der Äbtissin Anna Dorothea von Sachsen-Weimar geschaffenen Stiftsbücherei und der Quedlinburgischen Gymnasialbibliothek. Schon so manches Buch, das bisher in Deutschland als verschollen galt, konnte in den hiesigen Regalen aufgefunden werden.

Burgruine Regenstein

Burg und Festung Regenstein

»Wer unser schönes Harzgebirge bereist hat und nicht auf dem Reinsteine war, der ist zu Rom gewesen und hat den Papst nicht gesehen; denn der Reinstein ist ein Juwel in der Kette unserer Berge«, davon ist Friedrich Hoffmann, folgt man seinem 1836 erschienenen Buch über die Burgen und Bergfesten des Harz, felsenfest überzeugt. Der Autor hat bis in unsere Zeit hinein recht behalten, denn der Regen- oder Reinstein, beide Bezeichnungen sind bereits seit dem Mittelalter üblich, kann mit vielerlei interessanten Besonderheiten aufwarten.

Da ist seine exponierte Lage auf einem etwa 1,5 Kilometer langen Sandsteinrücken nördlich der Stadt Blankenburg, von dessen höchstem Punkt (290 m) der Besucher den Blick über weite Teile des nordöstlichen Harz und seines Vorlandes genießen kann. Da ist seine interessante Geschichte, die vor vielen Jahrtausenden begann und über das Mittelalter und die Neuzeit bis hinein in das 20. Jahrhundert reicht. Und da sind vor allem die vielen Sagen und Legenden, die die erhaltenen Reste von Burg und Festung Regenstein mit einem regelrechten Gespinst überziehen.

Schon seit Generationen wird die alte Burg mit ihren in den Sandstein gehauenen Höhlen und Räumen von der Harzer Bevölkerung als Raubgrafennest bezeichnet, obwohl sich die mittelalterlichen Regensteiner erwiesenermaßen kaum häufiger in militärische Ränke einließen als ihre Nachbarn; erinnert sei hier nur an den Wernigeröder »Raubgrafen« Dietrich. Besonders berühmt wurde unter den Regensteinern Graf Albrecht II., der in der ersten Hälfte des 14. Jahrhunderts in eine Fehde mit dem Bischof von Halberstadt verstrickt war. Die Städtebürger des benachbarten Quedlinburg, die sich mit dem hohen geistlichen Herrn verbündet hatten, sollen den berüchtigten Raubgrafen schließlich gefangen haben, so jedenfalls weiß es der Blankenburger Chronist Leibrock 1864 zu erzählen: »Es war am Tage von St. Kilian 1336, als die Belagerten mit aller Macht und so glücklich gegen die Reinsteiner ausfielen, daß der Graf gezwungen wurde, sich mit seinen Streitern aus der Neustadt [Quedlinburg] heraus ins offene Feld zu ziehen, wohin die Feinde ihnen folgten ...« Schließlich schlugen die Quedlinburger die Mannen Albrechts, während Albrecht allein entkommen konnte. »Aber der für den Grafen Albrecht schon jetzt so unglückliche Tag sollte noch unglücklicher für ihn werden. Als die Städter wieder in ihren Mauern waren und nur einige Feldwachen draußen hatten, die der Graf, seinem Schwerte und seinem Rosse vertrauend, nicht eben fürchten mochte, versuchte er, nachdem er sich bis dahin in der Nähe des Kampfplatzes aufgehalten hatte, bei der Stadt vorüberzureiten, um das feste und noch von den Seiten besetzte Wipertikloster [am südwestlichen Stadtrand Quedlinburgs] zu erreichen. Die Feldwachen bemerkten ihn und setzten ihm nach, und der Graf, um einen Umweg zu vermeiden, sprengte querfeldein. Sein Unstern führte ihn in ein bruchiges Moor, der Hakelteich genannt; vergebens versuchte er, sein Roß durch den Morast zu zwingen; niedergedrückt von der Last des schweren gepanzerten Ritters, versank es immer tiefer und konnte nicht vor- und nicht rückwärts.« So geriet denn Albrecht in die Gefangenschaft der Quedlinburger, die ihn unter großem Jubel in ihre Stadt führten. Ein Wandgemälde im Quedlinburger Rathaus zeigt diese Szene noch heute. Leibrock berichtet weiter :»Nicht ein ritterliches Gefängnis, nicht einmal ein gewöhnlicher Kerker nahm ihn auf, sondern der Haß der Bürger bereitete ihm bitteres Los. Sie ließen einen Kasten von eichenen Bohlen anfertigen, mit eisernen Bändern, Schlössern und Riegeln wohl verwahrt, nicht groß genug, um sich aufrecht stehend darin bewegen zu können, und mit einer niedrigen Thür, daß man nur kriechend in dieselbe kommen konnte, und in diesem Kasten, an einen Block geschlossen, ließ man den Grafen 18 Monate lang schmachten...«

Wahrheit oder Legende? Von beidem mag wohl im Bericht des Blankenburger Chronisten etwas enthalten sein. Der Raubgraf Albrecht beschäftigte jedenfalls auch weiterhin Historiker und Literaten. So unternahm beispielsweise der Quedlinburger Julius Wolff in einem 1884 erschienenen Buch mit dem Titel »Der Raubgraf – eine Erzählung aus dem Harzgau« den Versuch, auf romantisierende Weise den Albrecht von Regenstein durch Hervorkehrung und Überbetonung seiner edlen Seiten als Ritter von seinem schlechten Rufe zu befreien. Leider vergeblich, muß man heute sagen, wenn auch die Historiker mittlerweile differenzierter über Albrecht denken.

Verschiedene Funde geben Hinweise darauf, daß das Gebiet um den Regenstein seit ungefähr 8000 Jahren besiedelt ist. Das aus der Umgebung weithin sichtbar herausragende Sandsteinmassiv mag die Gedankenwelt der Menschen schon damals angeregt haben. So liegt der Schluß nahe, daß sie das Plateau des Felsens als Kultplatz benutzten. Ein Indiz dafür bietet eine an der Nordwand des Regensteins gelegene Felsnische, die sich direkt unter dem sogenannten

Regenstein. Lithographie von G. Kraus um 1830

Verlorenen Posten befindet. Wahrscheinlich von Menschenhand vergrößert, hat sie eine nach Nordosten weisende Öffnung, durch die das einfallende Licht genau zur Sommersonnenwende, am 21. Juni, eine Felswand »beleuchtet«, in die verschiedene Kultzeichen eingeritzt sind. Auch die nördlich und unterhalb des Regensteins gelegene, gut sichtbare Höhlenanlage, deren blendend weiße Färbung sicher jedem Regensteinbesucher ins Auge sticht, war möglicherweise in frühgeschichtlicher Zeit ein Kultplatz. Die meisten der künstlichen Felsräume und Nischen, die heute auf dem Regenstein zu sehen sind, stammen aber aus dem Mittelalter und sind Relikte einer Burganlage aus dem 11. Jahrhundert. »Castrum« wurde sie allerdings erst gut 150 Jahre später in einer schriftlichen Quelle genannt. Als erster Regensteiner gilt Graf Conrad, der in einer Urkunde Heinrichs des Löwen vom 20. April 1169 als »comes de Regenstein« bezeichnet wurde. Conrads Vater, »comes Poppo de Blankenburgh« (1128), der durch König Lothar von Suplingenburg als Graf in der Blankenburger Gegend eingesetzt worden war, hatte sein Lehen offenbar zwischen seinen Söhnen Siegfried und Conrad geteilt.

Conrad, der wie sein Bruder zum Gefolge Heinrichs des Löwen gehörte, wurde in den Strudel der welfisch-staufischen Auseinandersetzungen um die Zentralgewalt gezogen, in deren Folge die Burg Regenstein 1181 von einem Heer des Staufers Friedrich Barbarossa angeblich kampflos erobert und dennoch zerstört worden sein soll. Graf Conrad sah wohl daraufhin keinen anderen Ausweg, als sich aus dem weltlichen Leben zu flüchten, denn noch im gleichen Jahr trat er in das seit 1147 zwischen Blankenburg und Heimburg bestehende Zisterzienserkloster Michaelstein ein. Als »frater Conradus« findet er im Jahr 1197 ein letztes Mal Erwähnung. Mit dem Wiederaufbau der Burg hatten die Blankenburger Grafen schon 1186 begonnen, nachdem Conrad auf seine Ansprüche verzichtet hatte. 1190 folgte dann eine neuerliche Blankenburger Teilung, wobei die Linien Blankenburg und Regenstein entstanden. Obwohl sich die Regensteiner nochmals in die Linien Regenstein und Regenstein/Heimburg teilten, kooperierten die auf den Burgen Blankenburg, Heimburg und Regenstein ansässigen und verwandten Grafen rege miteinander.

Im 13. und 14. Jahrhundert waren die Regensteiner schließlich die mächtigsten Grafen des Harzgaus. So werden zwischen 1205 und 1425 mehr als 30 Vasallen genannt, die als Ritter oder Ministeriale im Dienst der Regensteiner standen. In dieser Hochzeit fungierte die Burg Regenstein vornehmlich als Residenz und Machtzentrum der Grafen. Von der seinerzeit großen Bautätigkeit und deren Ergebnissen sind heute leider nur noch Fragmente zu sehen, so die besonders interessanten, aus dem Sandstein herausgehauenen Räume, zahlreiche Fundamentspuren und der Stumpf eines Rundturmes, der mit seinem Durchmesser von 8,3 Metern bei drei Metern Mauerdicke noch jetzt etwas von seiner ursprünglichen Erhabenheit und Trutzigkeit erahnen läßt.

Schließlich teilte die Burg Regenstein im ausgehenden Mittelalter das Schicksal vieler Befestigungsanlagen und Dörfer: Sie wurde wüst. Auf den 29. Juni 1443 ist eine Urkunde datiert, die auf dem Regenstein ausgestellt wurde und ein Bündnis zwischen den hier noch residierenden Grafen und dem Bistum Halberstadt erneuerte. Dieses Dokument ist zugleich der letzte Hinweis darauf, daß der Regenstein den gleichnamigen Grafen als Residenz bzw. Wehranlage diente. Seit der Mitte des 15. Jahrhunderts gilt die Burg als verlassen. Ehe mit dem Tod des Grafen Johann Ernst im Jahre 1599 das Geschlecht der Regensteiner ausstarb, residierten dessen Ahnen vornehmlich in Blankenburg. Bereits in der 1530 abgeschlossenen Sachsenchronik des Monachus Pirnensis ist zu lesen, daß die Burg »...wunderlich gebewde, in steincluftern alles hausgemach ausgehoben, nu czubrochen, die herrn diß titels seint yecz auf Blanckenburg seßhaftig« hatte. Erste »Touristen« besuchten damals die legendenumwobene Ruine, so z.B. im Jahr 1592 Vertreter des Braunschweiger Rates. In der »Topographie« Merians aus dem Jahr 1654 erscheint eine ausführliche Beschreibung des Zustandes vom Regenstein nebst einem Kupferstich, der, wenn

Sandsteingrotten unterm Regenstein

man das Hauptaugenmerk auf die mittelalterliche Burganlage richtet, dem heutigen Befund entspricht.

Im 17. Jahrhundert sollte ein weiteres Kapitel in der Geschichte der Regensteins beginnen, die Festungszeit. Vorher war die alte Burgruine aber aufgrund wechselnder Besitzverhältnisse zum Zankapfel rivalisierender Territorialherrscher geworden. Nach dem Aussterben der Regensteiner geriet sie gemäß einem Vertrag in die Hände des Braunschweiger Herzogs Heinrich Julius, der zugleich Bischof von Halberstadt war. Während des Dreißigjährigen Krieges unter verschiedenen Herren, befand sich die Ruine schließlich nach 1648 in den sich überschneidenden Machtbereichen der Braunschweiger und Brandenburger, denn letztere hatten Halberstadt nunmehr in ihren Besitz bringen können. Der Streit um die alte Grafschaft Regenstein entbrannte. Da die Braunschweiger die Ruine nur symbolisch mit sieben Soldaten besetzt gehalten hatten, war es für den Großen Kurfürsten leicht, den Regenstein 1662 in seinen Besitz zu bringen. Nachdem die Gegenpartei 1666 einen letzten Versuch unternommen hatte, die Besitzverhältnisse wieder zu ändern, setzte Friedrich Wilhelm 1670 ein deutliches Zeichen: Ein größeres brandenburgisches Truppenkontingent nahm Quartier auf dem Regenstein, und noch im gleichen Jahr begannen unter der Leitung des Oberst von Fargel umfangreiche Bauarbeiten, bei denen der Regenstein innerhalb nur weniger Jahre zu einer der

Graf Albrecht von Regenstein als Gefangener auf dem Quedlinburger Marktplatz. Wandgemälde im Rathaussaal der Stadt

Blick auf das nördliche Harzvorland

bedeutendsten Bergfestungen umgestaltet wurde. Mit ihren Bastionen Vogelsang, Scharfe Ecke, Friedrichsburg, Friedrich-Wilhelmsburg und Mühlberg umfaßte sie das gesamte Höhenplateau des Sandsteinmassivs. An der notwendigen Bewaffnung mangelte es der ansässigen Besatzung, die zeitweilig aus mehr als 120 Soldaten und deren Familien bestand, ebenfalls nicht. So ist aus einem Dokument des Jahres 1687 zu ersehen, daß seinerzeit 13 Geschütze mit 3359 Kanonenkugeln und 11 947 Handgranaten zur Verfügung standen.

Der als Soldatenkönig in die Geschichte eingegangene Friedrich Wilhelm I. von Preußen setzte das Werk seines Vaters fort. Während seiner Regierungszeit von 1713 bis 1740 errichtete man u.a. eine innere Bastion, ein neues Kommandantenhaus und schließlich 1737 eine Garnisonskirche. Unter der Regie des Alten Fritz endete dann die Geschichte der Festung. Während des Siebenjährigen Krieges war sie 1757 von französischen Truppen unter dem Befehl des Herzogs von Ayen besetzt worden. Im darauffolgenden Jahr konnte Friedrich II. seinen Regenstein allerdings zurückerobern lassen. »Der zufällige Umstand, daß ein preußischer Artillerist durch einen Kanonenschuß das Rad des Brunnens zerschmetterte, soll das Meiste zur Uebergabe beigetragen haben. Die kleine Garnison von 86 Köpfen wurde gefangen genommen« – so weiß es Friedrich Gottschalck im 1813 erschienenen dritten Band seines Werkes »Die Ritterburgen und Bergschlösser Deutschlands« zu berichten.

Burgruine Regenstein

Wieder in preußischem Besitz, wurde die mittlerweile veraltete Festung dann 1758 auf Befehl des Königs »demoliert«. Über das weitere Schicksal des Regensteins erzählt Gottschalck: »Nach der Zeit ist der Reinstein vermuthlich von keiner militärischen Wichtigkeit gefunden worden, und daher unbeachtet liegen geblieben. Die Gebäude sind zerfallen, und was Wind, Wetter und Zeit nicht verheerten, das thaten die Menschen und thun es noch. ... Recht oft ist der Regenstein – gewöhnlich wird er so in der umliegenden Gegend genannt – der Sammelplatz froher Menschen aus den benachbarten Städten. Er eignet sich auch gut dazu, denn die Felsenkammern geben Schutz gegen den Sonnenbrand, und die Umsicht ist hier sehr schön.«

Ein letztes militärisches Kapitel in der Geschichte des Regensteins brach im Zweiten Weltkrieg an. Nachdem im Sommer 1944 Teile des Sandsteinmassivs und seines Umlandes zum Sperrgebiet erklärt worden waren, begannen deutsche und ausländische Arbeitskräfte unter strenger Geheimhaltung von zwei Stellen aus, Stollen in den Sandstein zu treiben. Erklärtes Ziel war es, unter dem Decknamen »Oda« einen wichtigen Rüstungsbetrieb außerhalb der Reichweite alliierter Bomben unterzubringen. Obwohl dies nicht mehr gelang, führten die enormen Arbeitsanstrengungen zur Errichtung eines unterirdischen Systems aus Haupt- und Seitenstollen, das mit seinen insgesamt fünf Kilometern Streckenlänge sogar mit großen Lastkraftwagen befahren werden konnte. Während den letzten Kriegswochen muß diese unterirdische Anla-

Morgenstimmung über der Burgruine

ge wohl als Versorgungslager genutzt worden sein, denn es wird von alten Blankenburgern berichtet, daß sie sich während der amerikanischen Besetzung aus den Stollen ganze Handwagenladungen voller Stoffballen, Schuhe, Lederhäute und vieles andere mehr holten. In der darauffolgenden Zeit als Lager für Obst, Gemüse und anderes genutzt, legte in den 70er Jahren die damalige Nationale Volksarmee der DDR unter dem Mantel des Schweigens ein neues Depot an, das seit dem 3. Oktober 1990 von der Bundeswehr übernommen wurde und auf Außenstehende noch immer recht geheimnisvoll wirkt.

Ungeachtet dessen kommen auf das Gelände der ehemaligen Burg und Festung Regenstein schon seit vielen Jahren Scharen von Besuchern. Während aber bis Ende der 80er Jahre vor allem die in

den Fels gehauenen Überreste der mittelalterlichen Wehranlage zu besichtigen waren, sind engagierte Archäologen und von der Stadt Blankenburg angestellte ABM-Kräfte derzeit dabei, die umfangreichen Überreste aus der Festungszeit von der üppigen Vegetation zu befreien, zu sichern und zugänglich zu machen. Daneben besteht ein Schwerpunkt der Arbeit auch darin, die schon stark von der Witterung und von den vielen Besuchern beschädigten Reste der alten Burg für kommende Generationen zu erhalten.

Mag der eingangs zitierte Friedrich Hoffmann mit seinen Worten vielleicht ein wenig übertrieben haben, so bildet der Regenstein dennoch mit seiner langen Geschichte, seinen Legenden und der erhaltenen Architektur ein lohnendes Ausflugsziel für Harzer und Harztouristen gleichermaßen.

Stadt und Schloß Stolberg

Schloß Stolberg

»Stolberg, Südharz (330 m), preußische Stadt mit 2000 Einwohnern. Besucherzahl: etwa 5000 Nachtfremde, 2000 Kurgäste. Luftkurort. Kurzeit vom 15. Mai bis 1. Oktober. Bahnstation: Stolberg (Harz). Reichsbahn Rottleberode-Stolberg am 1. März 1923 eröffnet. Post. Telegraph. Telephon. Elektrisches Licht. Quellwasserleitung. Kanalisation«. So warb die kleine Fachwerkstadt im Süden des Harzes in dem vom Harzer Verkehrsverband 1928 in 21. Auflage herausgegebenen »Blauen Harzführer«. Stolberg heute, das sind 522 Häuser, 1789 Einwohner und 445 Gästebetten – das jedenfalls weiß ein Werbeprospekt der »Perle des Südharzes« von 1992 zu berichten.

Egal, zu welcher Zeit Fremde und Touristen nach Stolberg kamen, das Schloß über der Stadt war immer Anziehungspunkt und Blickfang. So liest man z. B. in der Beschreibung »Schloß und Stadt Stolberg am Harze«, die W. Schönichen etwa in der Mitte des vorigen Jahrhunderts verfaßte, folgendes: »Wenn so viele zerfallene Harzburgen, die wie eine Heldenschar den Harz einst umstarrten, gleich morschen Gebeinen längst alles Leben und alle Bedeutung verloren haben, weil ihre Bewohner vielleicht nur zu kühn und trotzig den starken Arm in das Blachfeld hinausstreckten und ein widriges Geschick ihnen deshalb den Lebensnerv durchschnitt, so ist dies keineswegs um das alte Schloß Stolberg der Fall, obgleich seine Inhaber zu den ältesten und berühmtesten Geschlechtern der alten Harzgrafen gehörten. Nicht wie so viele Schlösser lugt es mit habsichtigem raubgierigem Auge von einem hervorspringenden Berge in die nahen Flachländer herab, sondern von dem steilen Vorsprunge eines waldbewachsenen Berges, der aber noch höher hinauf steigt und nebst andern waldigen Bergen das Schloß rings umschließt, blickt es freundlich in kräftiger Jugendfrische noch immer in den darunter liegenden Thalkessel, von vier sich vereinigenden Thälern gebildet, in diesem Kessel siedelten sich, dem Schutze der Burg vertrauend, auch die ersten Bewohner der Stadt Stolberg an.« Ähnlich wird wohl ein jeder noch heute empfinden, der von Stolberg aus zum Schloß hinaufschaut.

Über die Entstehung der alten Burg ist nichts bekannt. Wenn auch der zitierte Schönichen schreibt: »Das Alter des Schlosses

Schloß Stolberg. Stahlstich von L. Rohbock um 1850

und der Stadt mit Genauigkeit anzugeben, ist sehr schwer, doch ragen beide in das graue Alterthum hinein«, so nimmt man gegenwärtig allgemein an, daß im 10. oder 11. Jahrhundert eine erste Wehranlage auf dem 75 Meter über dem Tal gelegenen Bergsporn errichtet wurde. Während der Ort Stolberg, der als Bergmannssiedlung wohl um das Jahr 1000 gegründet worden war, 1157 erst-

mals urkundlich erwähnt wurde, findet sich ein auf der Burg residierender Graf von Stolberg namentlich erst 1210 in einer schriftlichen Quelle. Dafür allerdings kann das Haus Stolberg mit einer für mittelalterliche und spätere Verhältnisse ungewöhnlichen Kontinuität aufwarten: Bis 1945 blieben Burg und Schloß in den Händen desselben Geschlechts. Als Grundanlage nimmt man für die

Thomas Müntzer (1490–1525), protestantischer Theologe und revolutionärer Bauernführer. Kolorierter Holzschnitt von Christoffel von Sichem

Zeit des Hoch- und beginnenden Spätmittelalters eine etwa 62 mal 65 Meter große Kernburg an, der im Nordwesten, der vermutlichen Angriffsseite, eine dreieckige Vorburg angefügt worden war. Ein aus dieser Zeit stammender 30 Meter hoher Bergfried stand noch um 1700 in der Mitte der Vorburg. Ein zweiter Turm dieser Art ist

Martin Luther (1483–1546)

für die Kernburg anzunehmen. Durch insgesamt drei Tore, vorgebaute Zwingeranlagen und die dazugehörigen Mauern war die Burg gegen jeglichen Angreifer bestens geschützt. So erklärt sich, daß sie in ihrer langen Geschichte niemals von Zerstörungen betroffen war. In der Zeit um 1500 und den Jahren danach wurde sehr viel an der Burg gebaut. Schon damals sollen die Fassaden eine Bemalung erhalten haben.

Das Schlafzimmer des Grafen aus jener Zeit erschien dem Chronisten der besonderen Erwähnung wert, und das mit gutem Grund. Er beschreibt nämlich, daß es um vier Stufen erhöht war und so dem daruntergeschobenen Bett des Dieners Platz bot. Jener Graf also erfand offenbar das Doppelstockbett.

Am 21. April 1525 predigte in der Stadtkirche St. Martini Martin Luther »wider die aufrührerischen Bauern«. Dennoch stürmten in Stolberg, der Geburtsstadt des Bauernführers Thomas Müntzer, die Aufständischen während des Großen Deutschen Bauernkrieges

Stadt und Schloß Stolberg

am 2. Mai das Schloß und zwangen den Grafen Botho zur Anerkennung der »24 Artikel«. Nach der blutigen Schlacht bei Frankenhausen am 15. Mai 1525 zogen jedoch wieder Ruhe und »gottgewollte Ordnung« in Stolberg ein.

Neuerlichen Umbauten an der Burg stand nun nichts mehr im Wege. So errichtete man beispielsweise von 1539 bis 1547 den Südwest- und den Nordostflügel. Im Erdgeschoß des ehemaligen Wohnturmes in der Nordostecke entstand eine von einem Netzgewölbe überspannte Kapelle, unter der sich das Burgverlies befand. Schönichen kommentierte diesen Umstand treffend: »Während man oben betete, entglitt hier unten also manchem Unglücklichen der letzte Todesseufzer.« Sein heutiges Aussehen erhielt das Schloß endlich bei den Arbeiten zwischen 1690 und 1700. Im Stil des Barock entstand ein neuer Südostflügel als Verbindungsglied zwischen den vorhandenen Gebäudeflügeln, die gleichzeitig stilgerecht renoviert und angepaßt wurden. Viele der Innenräume weisen seither Stuckarbeiten auf, die damals der Italiener Michael Caminade ausführte. Etwa zeitgleich, zwischen 1703 und 1710, schmückten die Maler Samuel Blütner und Franz April viele der

Fachwerk unterhalb des Schlosses

Zimmer mit insgesamt 70 Temperabildern. Gestalterisch ragen der Blaue Saal im Südwestflügel und der Rote Saal im Südostflügel heraus.

1945 entschädigungslos enteignet, diente das Schloß Stolberg zu DDR-Zeiten vorwiegend als Ferienheim der Gewerkschaft. Diese Nutzung bedingte eine ganze Reihe von Umbauten, die den ursprünglichen Charakter der Innenräume veränderten. Auch wenn durch teils ungeklärte Eigentumsverhältnisse im Moment nicht die Möglichkeit besteht, die Innenräume des Stolberger Schlosses zu besichtigen, lohnt der nur wenige Minuten dauernde Aufstieg auf den Burgberg, denn hier, von erhöhtem Platze, bietet sich ein herrlicher Blick auf die Türme und Dächer der lieblichen Harzstadt und ihre typische Südharzer Umgebung.

Westerburg, Kastellhof

Westerburg

Die meisten Burgen des Harzes sind Höhenburgen, die auf einer Bergkuppe oder einem Bergrücken errichtet worden sind. Solch eine exponierte Lage versprach manchen Vorteil. Zum einen war der Burgenplatz in der Regel für erwartete Angreifer nur äußerst schwer zugänglich, zum anderen gewährte eine erhöhte Lage weite Ausblicke. Probleme bereiteten dagegen vor allem die Wasserversorgung und der Transport von Baumaterialien und Versorgungsgütern.

Im unmittelbaren Harzvorland trifft man auf einen weiteren Burgentyp, den der sogenannten Niederungsburg. Gerade im nordöstlichen Teil dieses Terrains befanden sich im Mittelalter viele solcher Befestigungen. Die meisten davon sind allerdings bis in unsere Zeit nicht bzw. nur in Bruchstücken erhalten geblieben. Eine seltene Ausnahme bildet die zwischen den Höhenzügen Huy und Großer Fallstein gelegene Westerburg. Ähnlich wie die Burg Falkenstein markiert sie in vielen ihrer Bestandteile mittelalterliche Dimensionen.

Über die Entstehung der Westerburg gibt es keine genauen Anhaltspunkte. Zuweilen wird die Auffassung vertreten, daß sie auf eine Gründung Karls des Großen zurückgeht. Karl lag um das Jahr 780 während der Sachsenkriege angeblich mit seinen fränkischen Truppen am Elm und ließ die Westerburg als einen vorgeschobenen Stützpunkt seines Heeres errichten. Eine andere Version geht davon aus, daß die Anlage wesentlich älter ist und ihren Ursprung in einer vor- bzw. frühgeschichtlichen Fluchtburg hat. In diesem Zusammenhang sei erwähnt, daß in unmittelbarer Nähe der Westerburg eine weitere Befestigung stand. Von der nur 700 Meter in östlicher Richtung entfernten Bannerburg sind allerdings heute nur noch wenige Überreste der Ringwälle erhalten. Interessant ist, daß beide Anlagen als Rundburgen mit Ringwällen angelegt worden sind. Ihrer Größe und dem genannten Gestaltungsmerkmal nach könnten es durchaus Fluchtburgen gewesen sein. Immerhin umfaßt die Westerburg in ihrer Gesamtheit eine Fläche von 300 mal 350 Metern, wobei die ovale Rundburg, die den Kern bildet, Abmessungen von 60 mal 80 Metern aufweist.

Gehen wir von der Vermutung aus, daß die Westerburg ursprünglich als Fluchtburg errichtet worden ist, so bestand ihre wichtigste Aufgabe darin, den Bewohnern der umliegenden Siedlungen und ihrem Vieh beim Herannahen feindlicher Heerscharen Zuflucht und Schutz zu bieten. Sie war also nicht ständig besetzt und mußte im Verteidigungsfall möglichst viel Platz im Innern der Wälle bieten. Diese Wälle wurden meist aus Erde, Holz und Steinen errichtet und häufig noch mit einer Palisade verstärkt. Gräben, die vor oder zwischen den Wällen ausgehoben wurden, vervollkommnen das System. Den neuralgischen Punkt einer solchen »Volksburg« stellte die Toreinfahrt dar, die demzufolge möglichst eng gehalten wurde. Die beschriebenen Wall- und Grabenanlagen sind in ihren Grundzügen noch jetzt an der Westerburg erkennbar. Da sich die 120 Meter über dem Meeresspiegel gelegene Burg in einer Quellmulde befindet, hatten die Gräben vermutlich schon damals nicht unter Wassermangel zu leiden.

Als sich die Funktion solcher Fluchtburgen im beginnenden Hochmittelalter zu verändern begannen, wandelte sich auch ihre bauliche Gestalt. Von nun an ging es nicht mehr darum, möglichst vielen Menschen Platz zu bieten, sondern einer kleinen, aber dafür fest stationierten Burgenbesatzung optimale Möglichkeiten zur Verteidigung zu gewährleisten. Die zentrale Rolle fiel dabei dem Bergfried zu. Als »Luginsland«, letzte Zuflucht bei einer Belagerung und Verlies war er auch in der Westerburg unersetzlich. Noch heute ist er, sieht man von unwesentlichen baulichen Veränderungen ab, im Originalzustand zu sehen. Stattliche 33 Meter hoch, weist er bei einem Durchmesser von 10 Metern im unteren Teil eine Mauerdicke von 3,5 Metern auf, die allerdings mit zunehmender Höhe abnimmt. Insgesamt fünf Geschosse beherbergt er in seinem Inneren, und sein einziger Zugang ist noch heute nur über eine Leiter zu erreichen. Immerhin befindet er sich 12,2 Meter hoch über dem Burghof. Die ovale Rundburg war damals von einer Ringmauer umgeben, an deren Innenseiten im Laufe der Zeit vor allem Wirtschaftsgebäude angebaut wurden. Einen optimalen Schutz garantierten die der Rundburg vorgelagerten wassergefüllten Gräben, die ein Wall voneinander trennte. Zu guter Letzt umschloß ein weiterer Ringvorwall die gesamte Anlage.

Im 13. und 14. Jahrhundert fügte man der alten Burg in ihrem westlichen Teil einen Kastellanbau an, der vor allem als eine Konsequenz aus den gestiegenen Wohnansprüchen der Burgherren zu verstehen ist. Quadratisch angelegt, umfaßt dieser eine Fläche von 34 mal 33 Metern. Die in der Nord-, West- und Südseite errichteten Gebäudeflügel umschließen einen 14 mal 20 Meter großen Innenhof. Der Bergfried wurde dabei architektonisch in den Südflügel einbezogen, den man vor allem als Küchentrakt nutzte. Gut

Westerburg, nördliche Zufahrt

erhaltene Kreuzgewölbe und ein mächtiger Kamin weisen darauf hin. West- und Nordflügel dagegen dienten in erster Linie Wohnzwecken, wobei der Westflügel, mit einem großen Saal im ersten Obergeschoß ausgestattet, wahrscheinlich als eigentlicher Palas anzusehen ist. Der in der Nordwestecke des Kastellhofes angelegte Treppenturm mit dem Renaissanceportal ist eine Zugabe späterer Jahrhunderte.

Nicht nur die Gründung und Entstehung der Westerburg, auch die früheren Besitzverhältnisse liegen zum großen Teil im Dunkeln. Als Feudalburg hatten sie die deutschen Könige und Kaiser als Lehen wahrscheinlich an die Harzgaugrafen vergeben. Urkundlich nachweisbar ist, daß am 17. Januar 1052 Heinrich III. dem Bischof von Halberstadt, Burchardt I., die Westerburg schenkte, so daß dieser fortan die Oberlehensherrschaft über sie innehatte. Von 1180 ab erhielten die Grafen vom Regenstein die Westerburg als Lehen übereignet und behielten sie bis zu ihrem Aussterben. 1599 fiel sie dann als frei verfügbares Lehen zurück an das Hochstift Halberstadt, geriet aber zwischendurch auch in die Hände der Braunschweiger. Schon damals hatte die Westerburg angesichts der fortschreitenden Entwicklung der Feuerwaffen ihre militärische Aufgabe verloren und diente stattdessen als Wirtschaftshof

Die Westerburg von Süden

Kapelle

und Verwaltungszentrum. Einer der Amtmänner, Peregrinus Hünerkopf von Westerburg, der im Auftrage Heinrich Julius', des Herzogs von Braunschweig und Bischofs von Halberstadt, in der Burg residierte, schrieb gemeinsam mit seinem Herrn ein sehr unrühmliches Kapitel der Geschichte. Ihnen wurde nachgesagt, daß sie an einem pathologischen Hexenwahn litten. Man nannte sie die »viehischen Hexenbütteln und Martermeister«, wobei dem Amtmann Peregrinus gleichzeitig vorgeworfen wurde, daß er seine Opfer vor allem in die Burg sperren ließ, »um sie seinen abscheulichen fleischlichen Gelüsten gefügig zu machen.« Schließlich müssen die Verhaftungen und Anzeigen wegen Hexerei solche Ausmaße angenommen haben und die Begründungen so absurd erschienen sein, daß das übergeordnete Hexengericht in Magdeburg sich veranlaßt sah, die Angeklagten freizusprechen. So sollen denn auch spätestens zum Ende des 16. Jahrhunderts in dieser Gegend keine Hexen mehr verbrannt worden sein.

Der Dreißigjährige Krieg hinterließ in der Westerburg ebenfalls seine Spuren. Vor allem während der Belagerung durch die Schweden, die 1630 diesen Stützpunkt der Kaiserlichen schließlich erstürmten, muß die alte Burg durch Artilleriebeschuß Schaden genommen haben. Der Westflügel des Kastellanbaus war so stark betroffen, daß man seine ursprüngliche Gestalt nicht wiederher-

Lindenholz-Schnitzwerk in der Kapelle

stellen konnte. Im Zuge der Säkularisierung, die sich dem Westfälischen Frieden anschlossen, geriet die Burg dann in den Besitz des Kurfürsten von Brandenburg. Friedrich Wilhelm und seine Nachfolger vergaben diese in der Folgezeit als Lehen weiter bzw. verpachteten sie. Nun ausschließlich als Wirtschaftshof genutzt, bemühte sich verständlicherweise kaum jemand um den stilgerechten Erhalt der mittelalterlichen Burganlage. Die Kriegsschäden besserte man lediglich zweckentsprechend aus. Viele der Bauten und Räumlichkeiten wurden den neuen Erfordernissen angepaßt, ohne daß allerdings der Burgcharakter verlorenging.

Der Rittersaal

1802 wurde die Westerburg dann königlich-preußische Domäne, doch schon 1807 wechselte sie erneut ihren Besitzer. Der Frieden von Tilsit brachte es mit sich, daß die Burg an Napoleon geriet, der sie seiner Schwester Marie Pauline Bonaparte übereignete. Dieses Geschenk sollte nicht von Dauer sein, ja die Besitzerin fand wahrscheinlich nicht einmal Gelegenheit, ihre Westerburg in Augenschein zu nehmen. Denn infolge der Befreiung Deutschlands von der napoleonischen Fremdherrschaft wurde die Anlage im Oktober 1813 erneut zur preußischen Domäne. Und so sollte es bis 1945 auch bleiben.

Nach dem Ende des Zweiten Weltkrieges – das umliegende Gebiet hielten zunächst britische Verbände besetzt – flüchtete die letzte Pächterfamilie vor den einziehenden sowjetischen Truppen. Die verlassene Burg diente in der ersten Zeit der Unterbringung von etwa 70 Umsiedlern und wurde dann bei der Bodenreform samt den 400 Hektar Domänenland enteignet. Wieder vorwiegend als Wirtschaftshof genutzt, wurde die Burg schließlich Eigentum einer Landwirtschaftlichen Produktionsgenossenschaft.

In den 70er und 80er Jahren wurden im Bereich der Westerburg gründliche Werterhaltungsarbeiten in Angriff genommen. Die Gelder dafür kamen meist aus dem Denkmalspflegefonds der DDR. Besonderer Dank gebührt jedoch den vielen Denkmalpflege-Enthusiasten, die in ihrer Freizeit Hand anlegten, um die Burg

Der Innenhof mit Taubenturm und Bergfried

zu erhalten und Verlorengegangenes, wie z.B. den Taubenturm, wieder aufzubauen. Während der regelmäßigen Burgführungen konnte man am stetigen Fortgang der Arbeiten Anteil nehmen.

Gegenwärtig zieren mehr Baugerüste denn je die Westerburg. Als ehemaliges Volkseigentum wurde die Westerburg von der Treuhandanstalt an einen privaten Investor verkauft, der sich in anerkennenswerter Weise bemüht, die alte Burg zu erhalten und stilgerecht zu rekonstruieren. So werden sich die Innenräume der Westerburg ab Ostern 1993 an den Wochenenden sicher wieder für interessierte Besucher öffnen.

Burg Falkenstein über dem Selketal

Burg Falkenstein

Unweit von Ballenstedt, hoch über dem rechten Ufer der Selke, erhebt sich im östlichen Teil des Flußtales die Burg Falkenstein. Daß sie im Ruf steht, heute eine der eindrucksvollsten Burganlagen des Harzes zu sein, liegt vor allem daran, daß sie ihre mittelalterliche Gestalt bis in die Gegenwart bewahren konnte. So zieht sie denn heute nicht nur Burgenkenner schnell in ihren Bann.

Der Pfade führen viele zur alten Veste. Direkt mit dem Auto zu erreichen ist sie allerdings nicht. Der gebräuchlichste Weg führt von Ballenstedt bis nach Meisdorf. An der Landstraße in Richtung Pansfelde zweigt ein Fahrweg ins Selketal ab. Hier kann man sein Gefährt parken und auf verschieden steilen Wegen den etwa 1,5 km langen Aufstieg zum Burgenplatz bewältigen. Bereits vom Selketal aus ist die Silhouette von Ringmauer und Bergfried wahrzunehmen. Wer den bequemen ebenen Weg vorzieht, der mag auf der genannten Straße bis zum gut ausgeschildertem »Gartenhaus«, einem Wirtshaus, fahren. Von dort aus läuft er ungefähr eine halbe Stunde auf einem bequemen Forstweg durch dichte Laubwälder.

Unmittelbar vor den Toren der Burg treffen die beschriebenen Wege aufeinander. Öffnet sich endlich der Blick durch das Geäst der weit ausladenden alten Bäume, so ist es zunächst einmal die ursprünglich am stärksten befestigte Angriffsseite der Burg, die mit dem trutzigen Ensemble aus Wehrmauer und Bergfried abweisend und heutzutage gleichermaßen anziehend wirkt. Während jedoch einst der Ankömmling erst sechs Tore durchqueren mußte, um das Innere der Kernburg zu erreichen, gelangt man heute, nachdem man das mit einem Fachwerkwehrgang überbaute Tor in den ursprünglichen Zwinger durchschritten hat, über eine Steintreppe direkt in die alte Kernburg. Bevor man allerdings in dem kleinen Burghof steht, hat man eine Pforte mittelalterlichen Ausmaßes zu passieren, dem sich der heutige Kassenraum anschließt. Tritt man dannn in den Hof der Kernburg, so ist man zuallererst von der Monumentalität des 31 Meter hohen, seit 1826 mit Eisenbändern umfangenen Bergfriedes beeindruckt. Ursprünglich soll er nur rund 23 Meter hoch gewesen sein, so daß er die ihn deckende Schildmauer von derzeit 17 Metern Höhe und knapp vier Metern Dicke kaum überragen würde. Nachdem diese Mauer im zweiten Viertel des 16. Jahrhunderts erhöht worden war, mußte

1592 auch der Turm um rund zehn Meter aufgestockt werden. Als Baumaterial wurden Ziegelsteine verwendet. Bereits zu dieser Zeit soll der Bergfried eine hölzerne Haube getragen haben. Der Durchmesser des Turmes beträgt etwa 8,5 Meter. Der große Erfahrungsschatz seiner Erbauer ist noch jetzt u.a. daran zu erkennen, daß sie die vermutlich einzige Angriffsseite der Burg und damit des Turmes mit einer keilförmigen Spitze versahen, dem Bergfried also eine »Tropfenform« gaben. Der beabsichtigte Effekt war, daß bei einer eventuellen Belagerung durch Ballisten geschleuderte Wurfgeschosse wie z.B. Steinbrocken und Brandtöpfe seitlich abgelenkt wurden. Eine ähnliche Gestaltung des Bergfrieds finden wir übrigens bei der Ruine der Königsburg nahe Königshütte im Landkreis Wernigerode. Wie im Mittelalter üblich, besaß der Turm nur einen einzigen Zugang in etwa neun Metern Höhe, da er als letzte Zuflucht bei der Verteidigung konzipiert war. Zu erreichen war er ursprünglich über eine Leiter bzw. Strickleiter vom Hof aus und erst seit der Verlängerung des Palas im 13. Jahrhundert von dessen Dachgeschoß aus über eine abwerfbare Holzbrücke. Unter dem Eingangsgeschoß befand sich das etwa bis zum Hofniveau reichende Verlies, das heute allerdings halb verschüttet ist. An seiner Ostseite verfügt der Turm seit dem Ende des 16. Jahrhunderts über ein Paradebeispiel spätmittelalterlicher Wohnkultur: einen Aborterker, den wir heute als luftiges Trockenklosett bezeichnen würden.

Äußerst lohnend ist der im Burgrundgang enthaltene Aufstieg auf den Bergfried. Schon in einer Beschreibung des Falkensteins aus der Mitte des 19. Jahrhunderts heißt es: »Von der Gallerie des hohen Thurmes, den starke eiserne Reife umgeben, hat man eine der schönsten Gebirgsansichten. Nordöstlich sieht man weit über das Thal und die Berge hinaus und gewahrt bei heiterem Himmel deutlich die Thürme des Domes zu Magdeburg; südlich erheben sich einzelne Berge, mit Wald gekrönt; nordwestlich ruht das Auge auf schroff sich erhebenden Bergen, dann wieder auf Wiesen, durch welche die Selke fließt. Der Ramberg mit seiner Victorshöhe zeigt sich und über alle Felsen und Höhen ragt dort der ehrwürdige Brocken empor... Unten im Thurme war das Burgverlies; bei dem Aufräumen desselben soll man noch Ketten und Überreste menschlicher Gebeine gefunden haben.«

Den vor dem Bergfried inmitten des Hofes angelegten Brunnen betrachten Fachleute nicht gerade als Aushängeschild mittelalterlicher Brunnenbaukunst. Mit einer Tiefe von nur zwanzig Metern erreichte er keine Quellader und sammelte deshalb nur Sickerwasser, das in einem kesselförmig erweiterten Schacht noch jetzt unge-

Blick vom Bergfried in den Burghof

führ acht Meter hoch steht. Das Häuschen im neugotischen Stil, das den Brunnen heute noch schützt, ist eine Beigabe aus dem frühen 19. Jahrhundert.

Der romantische Burghof ist der Ausgangspunkt für einen Gang durch die Ausstellungsräume des ganzjährig geöffneten Museums. Nicht nur, daß man hier die Innenarchitektur der Gebäudeflügel rings um den Hof kennenlernt, man erfährt aus der thematisch geordneten Exposition auch viel über die Geschichte der Burg und der sie umgebenden Harzlandschaft. Recht beachtlich ist zudem der ausgestellte Bestand an Möbeln, Gemälden und Waffen, der zum großen Teil aus dem ehemaligen Besitz der Asseburger Grafen stammt.

Die Geschichte der Burg nimmt ihren Anfang im 12. Jahrhundert. Ihr Erbauer war Burchard von Konradsburg, der seinen Stammsitz, die Konradsburg bei Ermsleben (Landkreis Aschersleben), um 1120 angeblich als Sühne für einen begangenen Mord in ein Benediktinerkloster hat umbauen lassen. So vermutet man heu-

Burg Falkenstein. Stahlstich von L. Rohbock um 1850 (Ausschnitt)

te die Entstehungszeit der Burg Falkenstein zwischen 1120 und 1150. Jener Burchard wurde zum erstenmal 1120 in einer schriftlichen Quelle als »Burchardus de Valkenstein« genannt, neun Jahre später dagegen bezeichnete er sich in einem anderen Kontext als »Burchardus de Cunradesberg«. Ab 1142 tauchen er und sein gleichnamiger Sohn dann in den Urkunden ausschließlich mit der neuen »Adresse« auf, wobei sie als »comites de Valkenstein« erst 1155 bezeichnet wurden. Vornehmlich während des 12. und 13. Jahrhunderts spielte dieses Grafengeschlecht eine recht bedeutende Rolle im Harzgau. So wurden die Grafen um 1200 beispielsweise mit der Vogtei Quedlinburg beliehen, was u.a. zur Folge hatte, daß weibliche Mitglieder der Familie als Äbtissinnen von Quedlinburg und dem Kloster Münzenberg eingesetzt wurden.

Berühmtheit erlangten die Falkensteiner im Hochmittelalter vor allem durch den um 1230 aufgezeichneten »Sachsenspiegel«, das bedeutendste deutsche Rechtsbuch des Mittelalters, in dessen Vorrede es heißt:

»Nun danket al gemene	«Nun danket allgemein
deme van Valkenstene,	dem von Falkenstein,
De greve Hoier is genant,	der Graf Hoyer ist genannt,
dat an dudisch is gewant	daß ins Deutsche ist gewandt
Dit buk dorch sine bede:	dies Buch auf seinen Rat:
Eike van Repchowe it dede«	Eike von Repkow es tat«

Daß das Werk Eikes im Mittelalter in ganz Deutschland stark verbreitet war, wird allein schon durch die große Zahl der bis heute überlieferten Landrechtstexte dokumentiert, die auf dem »Sachsenspiegel« basieren. So sind bis in die Gegenwart 242 Texte in 219 Handschriften erhalten. Von den sechs im 13. Jahrhundert geschriebenen beruht die älteste, die in der Landesbibliothek Halle aufbewahrt wird, unmittelbar auf der ersten Textfassung Eike von Repkows.

Das Geschlecht der Grafen von Falkenstein erlosch im Jahre 1334. Zwei Jahre zuvor hatte allerdings der letzte Graf dieser Linie, Burchard IV., Vorsorge getroffen. Er, der auch als Dompropst von Halberstadt fungierte, übereignete Burg und Herrschaft Falkenstein für »sein und seiner Vorfahren Seelenheil« dem Hochstift Halberstadt, das zur Verwaltung der Burg in der Folgezeit Burgmannen einsetzte. Da die Halberstädter zunehmend in finanzielle Schwierigkeiten gerieten, sah sich Bischof Burchard III. 1427 gezwungen, die Burg auf zwölf Jahre an die Grafen von Mansfeld zu verpfänden. Da er aber einen Machtzuwachs der Mansfelder fürchtete, verpfändete er den Falkenstein und das dazugehörige Territorium bereits 1437 an die Herren von der Asseburg, die den Falkenstein 1479 als Erblehen erhielten. Im Besitz dieses Geschlechts verblieb die Burg dann bis 1945, wenn auch in wechselnden Linien. Sie, die Asseburger, haben durch ihre umfassenden Renovierungs- und Bauarbeiten die Burg bis ins 20. Jahrhundert erhalten.

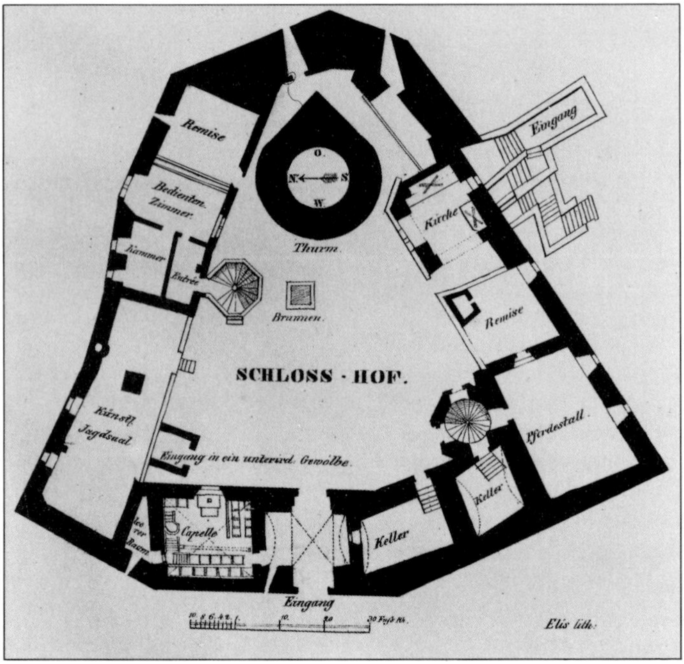

Lithographie von Elis um 1850

Bereits zur Zeit ihrer Entstehung im 12. Jahrhundert besaß die Burg Falkenstein die Ausmaße der noch heute zweiteiligen Veste, allerdings ohne Zwinger und Bastionen. Diese wurden erst später hinzugefügt. Die im Osten postierte Kernburg nahm neben der westlich gelegenen Vorburg nur ein Fünftel des ummauerten Terrains ein. Etwas eigenartig erscheint auf den ersten Blick die Tatsache, daß die Kernburg den Teil der Verteidigungsanlage bildete, der der Angriffsseite zugewandt war, eine Position, die in der Regel den Vorburgen mit ihrer Bestimmung als Wirtschaftsgebäude zugedacht war. Eine Erklärung bietet der topographische Umstand, daß die Kernburg auf einem Felsmassiv etwas höher liegt als die Vorburg auf der Hangterrasse. Neben dem Bergfried und der äußerst massiv gebauten Schildmauer bildeten drei Gräben die Eckpunkte der Verteidigung, die im Vorfeld der Veste in den Fels getrieben worden waren. Innerhalb der Kernburg fiel als repräsentativster Bau der zweigeschossige Palas auf, der an der Nordseite seinen Platz hatte. Später errichtete man an seiner Statt

Das Burgtor mit dem Fachwerkaufsatz

einen Fachwerkbau. Einen zweiten Wohnbau bildete die sogenannte Dirnitz im Südwestwinkel der Kernburg, die heute zur Hofseite durch den 1601 errichteten Treppenturm verdeckt ist und auch unter den später an der Südfront erbauten Fachwerkgeschossen kaum auszumachen ist. Ursprünglich muß man sich die Dirnitz als dreigeschossigen freistehenden Wohnturm vorstellen, der in jeder Etage nur einen Raum enthielt, so im Erdgeschoß »der Reisigen Pferdestall« und darüber die »Große Hofstube« für das Burggesinde. Ebenfalls einzeln stehend war der Küchenbau an der Südseite errichtet worden. Im Westen des Hofes riegelte eine in stumpfen Winkeln dreifach gebrochene Wehrmauer im Verbund mit einem Graben und einem Zwinger die Kernburg von der Vorburg ab. Der Bau dieser Vorburg ist erst für das ausgehende Mittelalter genau zu rekonstruieren. Nachweislich nutzte man ihre Fläche aber immer als Wirtschaftshof.

Umfangreiche Bauarbeiten veränderten die Veste unter der Regie des Grafen Hoyer zwischen 1220 und 1250. Neben einer

Tapetenzimmer (»Fräuleinzimmer«)

erheblichen Verstärkung der Befestigung ließ er beispielsweise den Palas nach Südosten erweitern und zwischen diesem und dem südlichen Tor der Kernburg die Burgkapelle errichten. Ihr annähernd quadratischer Raum, dessen Decke ein frühgotisches Kreuzgratgewölbe bildete, war bereits mit einer Dreifenstergruppe in der Ostwand ausgestattet. Für das Jahr 1216 wird in den Quellen schließlich ein Burgkaplan erwähnt.

Unter der Herrschaft der Halberstädter hat die Burg im wahrsten Sinne des Wortes gelitten. Ihr Bauzustand muß ziemlich erbarmungswürdig gewesen sein, denn Bischof Burchard III. erteilte an die Asseburger anläßlich der Pfandnahme der Veste 1437 die Auflage, daß innerhalb von zehn Jahren 2000 rheinische Gulden für Baumaßnahmen aufzubringen seien.

Bernd VI. von der Asseburg soll dann der erste seines Geschlechts gewesen sein, der seit dem Ende des 15. Jahrhunderts ständig auf der Burg wohnte. Ihm werden ebenfalls größere Baumaßnahmen zugeschrieben. Traurige Berühmtheit erlangte Bernd VI. vor allem wegen seiner Rücksichtslosigkeit und Brutalität. So heißt es von ihm u.a., er habe Bettler und Arme von seinen Höfen mit Hunden verjagen lassen. Wen wundert's da, daß er »um das Jahr 1524 von seinem Diener erschossen und aus dem Fenster gestürzt« worden sein soll, wie eine Chronik aus dem 18. Jahrhun-

Deckengewölbe in der Burgkapelle

dert zu berichten weiß. Schließlich ließen auch die Nachfolger Bernds VI. an der Veste weiterbauen, so daß um das Jahr 1600 die Kernburg bereits ungefähr ihr heutiges Aussehen hatte. Aus dieser Zeit stammt die erste genaue Beschreibung der Vorburg. Demnach war diese eine selbständige Wirtschaftseinheit zur Versorgung der Burgenbesatzung. Im Jahre 1586 hielt man dort allein im Kuhstall die stattliche Zahl von 90 Kühen, dazu Schweine, Ziegen, Hühner und natürlich Pferde. Verständlich, daß die gesamte Burganlage damals bis in die letzte Ecke funktionell ausgenutzt wurde. Wohn-, Wehr- und Wirtschaftsbereich gingen ineinander über.

Während des Dreißigjährigen Krieges wechselte die Burg Falkenstein häufig ihre Besitzer; namentlich Kaiserliche und Schweden kontrollierten und besetzten sie abwechselnd und bedrückten mit ihren Forderungen die Bewohner der umliegenden Gebiete. Dabei muß die Burg laut einem Inventarium aus dem Jahre 1607 auf einen Überfall waffentechnisch gut vorbereitet gewesen sein: Auf der Plattform des Bergfrieds standen vier Geschütze, dazu kamen »44 doppelte Haken, acht messingsche Haken, vier messingsche Stücklein, 68 glatte Röhren« sowie fünf Arkuballisten, 16 Doppelsöldnerspieße und drei große Hakenbüchsen, die ebenfalls auf dem Turm stationiert waren. Was aber half diese Bewaffnung, wenn beispielsweise beim Herannahen des Heeres des Herzogs

Glasfenster mit dem Wappen der Falkensteiner Grafen

von Braunschweig 1623 zur Verteidigung neben dem Amtmann, seinem Schreiber und einer Handvoll Gesinde lediglich einige Untertanen aus umliegenden Orten nebst wenigen angeworbenen Soldaten unter dem Kommando eines Leutnants bereitstanden, besser gesagt, abgestellt waren? Der Burgherr dagegen hatte sich rechtzeitig auf ein Schloß in sicherer Entfernung zurückgezogen.

Der Krieg zeigte wie fast überall in Deutschland auch auf Burg Falkenstein Langzeitwirkung. Da deren Besitzer verarmt waren, sollten dringende Renovierungen und Ausbesserungen lange auf sich warten lassen. Selbst in einem Inventarregister aus dem Jahre 1689 werden die meisten Gebäude, u.a. die gesamte Vorburg, als baufällig und schadhaft erwähnt. Achaz Ferdinand von der Asseburg, an den der Falkenstein 1761 gefallen war, ließ auf der Burg gründlich aufräumen. Viele der baufälligen Gebäude wurden in seinem Auftrag abgerissen, beispielsweise die Wirtschaftsbauten der Vorburg.

Angriffsseite mit Bergfried und Schildmauer

Zu Beginn des 19. Jahrhunderts setzte Ludwig August von der Asseburg dann neue Akzente in der Baugeschichte der alten Burg. Unter seiner Regie begann der Umbau des Falkensteins zu einer romantischen Jagd- und Sommerresidenz, der bis zur Jahrhundertmitte andauerte. Viele der heutigen Museumsräume samt Inneneinrichtung verdanken ihre Gestaltung jenen Aktivitäten.

Das Museum auf Burg Falkenstein fußt auf einer fast zweihundertjährigen Tradition. Schon 1801 öffnete ein auf der Burg lebender Kastellan für ankommende Wanderer die Tore und gewährte Einblick in einige der Burgräume. Nachdem die Veste die beiden großen Kriege des 20. Jahrhunderts überstanden hatte, empfing seit 1946 das Staatliche Museum Burg Falkenstein seine Gäste. Heute befindet sich die Burg mit ihrer Ausstellung in der Obhut des Landkreises Hettstedt.

Im Jahre 1991 wurden auf der Burg übrigens rund 55 000 Besucher gezählt, eine überlaufene Touristenhochburg ist der Falkenstein also nicht – eher ein Geheimtip für Freunde mittelalterlicher Burgen. Geöffnet ist die Burg Falkenstein im Sommer dienstags bis freitags von 9 bis 17 Uhr, an den Wochenenden von 9 bis 18 Uhr und im Winter von 9 bis 16 Uhr. Montags bleibt sie geschlossen, nach Anmeldung sind jedoch Führungen möglich.

Die Roseburg

Roseburg

Alle Burgen und Schlösser, die in diesem Buch beschrieben sind, stellen in ihrer heutigen Gestalt das Ergebnis einer vielhundertjährigen Geschichte dar. Da gab es sowohl Um- und Erweiterungsbauten als auch militärische Einwirkungen bis hin zu Zerstörung. Manche der alten Wehranlagen und Herrensitze standen über lange Zeiten leer und unbenutzt. Einige davon hat man später erneuert und wieder aufgebaut, andere sind noch jetzt Ruinen.

Die Roseburg, direkt an der Straße von Gernrode nach Ballenstedt gelegen, bildet demgegenüber eine Ausnahme, die im Harz ihresgleichen sucht. Auf den ersten Blick stimmt alles: Da sind der Bergfried, die Toranlage und die 1600 Meter lange, umlaufende Steinmauer mit ihren Zinnen, Wehrgängen und Ecktürmen. Schnell fühlt man sich bei diesem Anblick zurückversetzt in die Zeit des Mittelalters, in die sagenumwobene Ritterromantik – die ja bekanntlich oft nicht hält, was sie verspricht. Eigentlich fehlt nur noch das Burgfräulein, das sich über die Zinne lehnt, ihr anmutiges Gesicht halb mit einem Schleier verhüllend, und den Liedern eines am Fuße der Mauer singenden fahrenden Ritters sehnsuchtsvoll lauscht.

Wer ahnt in diesem Moment der ersten Begegnung mit der Roseburg schon, daß diese noch nicht einmal 100 Jahre alt ist? Bei genauerem Hinsehen wird man jedoch skeptisch: Hie und da ist Beton nicht zu übersehen, und der paßt ja keineswegs ins Mittelalter... Des Rätsels Lösung ist eng mit Leben und Wirken des bekannten deutschen Architekten und Baumeisters Bernhard Sehring (1855 bis 1941) verbunden. Der in Edderitz (Anhalt) Geborene studierte nach seinem Schulabschluß in Dessau an der Berliner Bauakademie. 1879/80 und 1883/86 unternahm er Reisen nach Italien, auf denen er sich vor allem der dortigen Theaterbaukunst und Gartenarchitektur widmete. Berühmt wurde Sehring schließlich vor allem wegen seiner Theaterbauten.

Angefangen mit dem 1895/96 in Charlottenburg errichteten Theater des Westens reicht sein Werk über viele Zwischenstationen (u.a. Stadttheater Bielefeld 1902/04, Düsseldorfer Schauspielhaus 1904/05) bis hin zum Stadttheater in Cottbus. 1907/08 errichtet, ist es heute das einzige seiner Art in Europa, das noch komplett erhalten den späten Jugendstil repräsentiert.

Offener Kamin im Aussichtsturm

Doch zurück zur Roseburg. Sehring muß sich schon länger mit dem Gedanken getragen haben, für sich und seine Familie eine eigene Burg zu errichten. Die Suche nach einem geeigneten Bauplatz zog sich allerdings hin. 1905 erwarb er dann auf Anraten des Prinzen Friedrich von Anhalt ein etwa 52 Morgen umfassendes Gelände zwischen Rieder und Ballenstedt. In einer zwei Jahre später beginnenden ersten Bauetappe entstanden Palas, Torhaus, Wartturm und Bergfried mit Zinnenkranz, wobei sich der Baumeister an der romanischen Burgenbaukunst des Mittelalters orientierte. In seinem Tagebuch ist zu lesen: »Endlich im Sommer 1908 war der Bau soweit gefördert, daß ich mit meiner Familie einziehen konnte, den Sommer dort wohnen und meine gesammelten Kunstschätze aufstellen konnte.« Später legte Sehring den großzügigen und mit interessanten Pflanzen, Bäumen und Baulichkeiten reich ausgestatteten Park an, dessen gestalterische Einheit durch das Achsenkreuz von Lindenallee und Wasserkaskade erzeugt wird.

Ein Phantasiewappen

Sehring hat mit seiner Roseburg keinesfalls eine bestimmte romanische Burganlage einfach kopiert. Viel eher besteht seine besondere architektonische Leistung darin, die unterschiedlichsten Elemente miteinander und vor allem mit der natürlichen Landschaft harmonisch verbunden zu haben. Dabei verwandte er nicht nur den erwähnten Beton und den in der Gegend vorhandenen Muschelkalk als Baumaterial, sondern auch an einigen Stellen orginale Details, z.B. in einem vom unteren Burghof abzweigenden Wehrgang romanische Säulen mit reich dekorierten Kapitellen oder aber die aus dem Hof des Palazzo Malatesta in Rimini stammende gotische Brunnensäule des 11. Jahrhunderts, die den Anfangspunkt der Kaskade bildet. Nicht vergessen werden soll auch, daß der Burgenplatz, auf dem sich die Roseburg erhebt, alte Tradition hat. Reste von zwei Halsgräben und bei den Bauarbeiten entdeckte Grundmauern weisen im Zusammenhang mit einigen wenigen urkundlichen Erwähnungen (1073 Rothallasbvrc, 1207

Die Puttenallee

Schloßpark

Rodolvesburc) auf die einstige Existenz einer mittelalterliche Anlage hin. Sie mag jedoch nicht von Bestand gewesen sein, denn in einer Überlieferung aus dem Jahre 1579 heißt es über den Burgenplatz: »By de Roseburg, wo noch ein Stück Mauer zu sehen ist und wo man den Fuchs jagt.«

Die Roseburg heute, das ist ein Ausflugsziel für die Harzer und ihre Gäste, das häufiger besucht wird als die meisten »richtigen« Burgen und Schlösser in dieser Region. Zum einen erklärt sich das aus der überaus günstigen Verkehrslage, andererseits hat die Roseburg mit ihren phantasievollen Bauten und dem Park, der besonders im Frühjahr seine üppige Pracht entfaltet, für jeden etwas zu bieten; selbst an Gaststätte, Café und Fremdenzimmern mangelt es nicht. Daß dies wieder so wurde, nachdem die Gesamtanlage nach dem Krieg über viele Jahre zweckentfremdet genutzt worden war, ist der Initiative vieler uneigennütziger Helfer und Enthusiasten zu danken, die unter der Schirmherrschaft des Kulturbundes 1967 mit den Restaurierungs- und Renovierungsarbeiten begonnen hatten.

Die Parkanlage ist täglich von 8 bis 17.30 Uhr geöffnet. Führungen gibt es derzeit nicht.

Quellen- und Literaturverzeichnis

Aus der Geschichte der Westerburg, hg. LPG Pflanzenproduktion Dedeleben. Dedeleben o. J.

Bauerfeind, H.: Sagen und Erzählungen vom Regenstein. Blankenburg 1976.

Behrens, H. A.: Der Regenstein I. Besiedlung und Geschichte der Grafen bis 1500. Blankenburg 1989.

Behrens, H. A./Reimann, J.: Der Regenstein II. Baugeschichte und Festungszeit, Blankenburg 1992.

Breitenborn, K.: Schwarzer Hirsch im Goldnen Feld. Geschichten um Schloß Wernigerode aus neun Jahrhunderten. Berlin 1988.

Beschreibende Darstellung der älteren Bau- und Kunstdenkmäler der Provinz Sachsen:

V. Der Kreis Sangerhausen. Bearb. v. J. Schmidt. Halle 1882.

VII. Die Grafschaft Wernigerode. Bearb. v. G. Sommer/ E. Jacobs, Halle 1883.

XVIII. Der Mansfelder Gebirgskreis. Bearb. v. H. Grössler/A.Brinkmann. Halle 1895.

XXIII. Die Kreise Halberstadt Stadt und Land. Bearb. v. O. Doering. Halle 1902.

XXXII. Kreis Grafschaft Wernigerode. 2. Aufl. Bearb. v. H. Bergner/E. Jacobs. Halle 1913.

XXXIII. Kreis Stadt Quedlinburg. Bearb. v. A. Brinkmann, 1. Teil. Magdeburg 1923.

Clajus, H.: Aus alter und neuer Zeit vom Dorfe Rohrsheim und der Domäne Westerburg. Osterwieck 1907.

Dehio, G.: Handbuch der deutschen Kunstdenkmäler. Der Bezirk Halle. Berlin 1976.

Dehio, G.: Handbuch der deutschen Kunstdenkmäler. Der Bezirk Magdeburg. Berlin 1975.

Denkmale in Sachsen-Anhalt. Ihre Erhaltung und Pflege in den Bezirken Halle und Magdeburg. Weimar 1983.

Ellert, B.: Chronik der Roseburg. Geschichte – Entwicklung – Gegenwart. Privatbesitz.

Ellert, B.: Die Roseburg, Mitteilungsblatt 14/88 der Gesellschaft für Denkmalspflege im Kulturbund der DDR. Kreisvorstand Quedlinburg.

Gottschalck, F.: Die Ritterburgen und Bergschlösser Deutschlands. Halle 1815 f.
Grimm, P.: Die vor- und frühgeschichtlichen Burgwälle der Bezirke Halle und Magdeburg. Berlin 1958.
Handbuch der historischen Stätten Deutschlands, XI. Bd., Provinz Sachsen und Anhalt. Stuttgart 1975.
Herrmann, J. (Hg.): Archäologie in der DDR, 2 Bde. Leipzig/Jena/Berlin 1989.
Hoffmann, F.: Die Burgen und Bergfesten des Harzes und der nächsten Umgebung. Quedlinburg/Leipzig 1836.
Jacobs, E.: Alt-Wernigerode. Festschrift zur Vierzigjahrfeier des Harzvereins für Geschichte und Altertumskunde. Wernigerode 1908.
Korf, I. und W.: Burg Falkenstein. Geschichte, Baugeschichte, Museum. Staatliches Museum Burg Falkenstein 1985.
Korf, W.: Burg Falkenstein. Leipzig 1991.
Lagatz, U.: Wernigerode. Die bunte Stadt am Harz. Berlin/Gütersloh/Leipzig/München/Potsdam/Stuttgart 1991.
Leopold, G.: Die Stiftskirche zu Quedlinburg. Berlin 1983.
Lieberwirth, R.: Eike von Repgow und sein Sachsenspiegel. Köthen 1980.
Mrusek, H.-J.: Burgen in Sachsen und Thüringen. München 1965.
Neue Wernigeröder Zeitung, Jahrgänge 1990, 1991, 1992.
Oelsner, M.: Wernigerode. Berlin/Leipzig 1989.
Rüssel, H.: Architektonische Beschreibung der Westerburg. Halberstadt 1977.
Schicksale deutscher Baudenkmale im Zweiten Weltkrieg. Hg. und redaktionell bearbeitet v. G. Eckardt, 2 Bde. Berlin 1978.
Schulze, R. (Hg.): Der Harz mit seinen Merkwürdigkeiten, Volkssagen und Legenden, Reprint des Zentralantiquariates der DDR. Leipzig 1986.
Stolberg, F.: Befestigungsanlagen im und am Harz von der Frühgeschichte bis zur Neuzeit. Hildesheim 1983.
Tillmann, C.: Lexikon der deutschen Burgen und Schlösser. Stuttgart 1958–1961.
Voigtländer, K.: Die Stiftskirche St. Servatii zu Quedlinburg. Geschichte ihrer Restaurierung und Ausstattung. Berlin 1989.
Wäscher, H.: Feudalburgen in den Bezirken Halle und Magdeburg. 2 Bde. Berlin 1962.